I am a Church Member

I am a Church Member

Copyright © 2013 by Thom S. Rainer
Published by B&H Publishing Group
One LifeWay Plaza, Nashville, Tennessee 37234-0188, USA
All rights reserved.

This Korean Edition Copyright © 2015 by Agape Publishing Co., Ltd.
Seoul, Republic of Korea

＊별도의 표기가 없는 성경구절은 개역개정 성경을 인용한 것입니다.

I am a
Church Member

톰 레이너 지음 | 김태곤 옮김

**당신은 교회의 고객입니까,
성도입니까?**

아가페

만일 한 지체가 고통을 받으면
모든 지체가 함께 고통을 받고
한 지체가 영광을 얻으면
모든 지체가 함께 즐거워하느니라

_고전 12:26

추천의 글 1

하나님은 우리에게 교회라는 공동체를 선물로 주셨다. 우리는 교회공동체를 통하여 함께 자라고, 예수님께서 우리 가운데 계신 것을 깨닫게 된다. 이 책은 개인주의화 된 시대에 교회공동체의 멤버가 된다는 것이 무엇을 의미하는지 분명한 도전을 준다.

_ 유기성(선한목자교회 원로목사)

톰 레이너 목사는 교회의 성장과 성숙을 위해 꿈꾸고 노력하는 분이다. 그는 조사와 연구를 통해 사례를 분석하여 구체적으로 대안을 제시한다. 이번엔 '교회멤버십'의 본질에 대해 말한다. "예수 그리스도는 교회의 머리이고, 교회는 예수 그리스도의 몸이며, 지체"라는 성경의 원리를 기초로, 교회멤버십에게 꼭 필요한 '역할 수행'과 '서로 연합' '서로의 종이 되어 섬김' 그리고 '교회리더십을 위한 기도'를 강조하고 있다. 이는 교회 안에서 성도들의 역할 혼돈이 있는 이 시대에 성도가 스스로 점검해 보아야 할 내용임에 틀림없다.

_ 이재훈(온누리교회 담임목사)

이 책은 교회에 다니는 성도라면 꼭 읽고 그대로 실천해 봄직한 책이다. 교회의 한 지체로서 성도의 역할이 무엇인지, 또 교회멤버십의 특권과 기쁨에 대해 아주 명쾌하면서도 간결하게 말해 주고 있다. 교회에서 머리가 되기보다는 꼬리가 되는 즐거움을 알고, 주님이 남겨주신 교회에서 천국을 경험하는 모든 성도(교회멤버)들이 되기를 기도한다.

_ 이찬수(분당우리교회 담임목사)

추천의 글 2

내 삶의 가장 큰 특권 중 하나는 지역 교회에서 목회하는 것이다. 나는 본서 내용을 이해한 덕분에, 지난 10년에 걸쳐 단지 교회에 출석하는 데 그치지 않고 교회에 속하게 된 자들의 영적 결실을 직접 보아왔다. 이 책에서 레이너 박사는 온전한 삶에 관한 하나님의 지시를 성경에서 찾아낸다. 만일 당신이 소속된 교회를 사랑한다면 혹은 당신의 교회에 실망했거나 멤버십의 중요성을 이해하지 못한다면, 이 책을 꼭 읽어보기 바란다.

_매트 챈들러(빌리지교회 목사)

교회멤버십은 제자화의 구체적인 형태다. 지혜롭고 간단하고 재미있으며 실제적이면서도 예리한 이 책을 읽고 잘 소화한다면, 그리스도를 따르는 데 도움이 될 것이다. 각 장마다 엄숙한 서약과 숙고할 문제로 마무리된다. 새신자를 인도하거나 오래된 성도들에게 참된 제자화를 상기하게 하는 데 좋은 책이다. 제자화는 언제나 겸손을 바탕으로 한다.

_ 마크 데버(캐피톨힐침례교회 담임목사, 9Marks 대표)

교회리더들이 더욱 복음적이고, 비전을 품고, 제자훈련 과정을 계획하며, 밀레니엄 세대에게 다가가게 하기 위해, 주께서 여러 해 동안 톰 레이너를 사용해 오셨다. 그를 통해 교회가 많은 유익을 얻었다. 이제 주님은 이 유익한 책을 사용해, 성도들이 지역 교회에 소속되는 특권과 의무를 발견하게 하실 것이다. 그리고 교회는 또 다시 유익을 얻을 것이다.

_ 에릭 가이서(라이프웨이교회 사료국 부국장)

'소비자' 교회에서 '제자' 교회로 전환하기를 모색하는 모든 이를 위한 책이다. 제자란 기꺼이 그리스도를 따르는 자다. 본서는 그리스도인들에게 시기적절한 깊은 도전을 준다. 톰은 사회학자의 노련함과 신학자의 통찰력과 실천가의 지혜를 결합하여 걸작이라 할 만한 책을 내놓았다.

_ J. D. 그리어(노스캐롤라이나 주, 랄리-더램 서밋교회 목사)

이 책을 교회멤버십 선언문으로 삼으라. 내용을 읽고 적용하라. 귀 교회의 목회자와 성도에게도 권하라. 내 친구 톰 레이너는 교회와 성도를 어떻게 사랑하는 것이 하나님께 영광 돌리는 길인지를 알려준다.

_ 제임스 맥도널드(하비스트바이블교회 담임목사,『버티컬 처치』저자)

톰 레이너에 따르면 교회멤버십 자체가 특권이다. 본서에서는 교회멤버십에 대한 성경적인 관점과 실천적인 접근법을 제시한다. 신선한 영감을 주는 책이다. 한번 손에 잡으니 내려놓기가 힘들었다. 모든 사람에게 강력히 추천하고 싶다.

_ 앤디 스탠리(노스포인트 미니스트리)

어떤 목사가 좋은 목사인지에 대한 책은 많다. 그러나 '좋은 성도'에 관한 책은 많지 않다. 톰 레이너는 성경적이며 실천적인 이 간략한 책에서, 성도의 그릇된 점을 직시하게 한다. 교회 출석자들 중에 '내가 무엇을 베풀 수 있을까'보다 '내가 무엇을 얻을 수 있을까'를 생각하는 이들이 무척이나 많은 이때에 이 책은 매우 요긴하다.

_ 다니엘 L. 에이킨(사우스이스턴 침례신학교 학장)

이 책의 가치는 오래 전에 충분히 검증되었다. 간단하지만 심오한 책이다. 우리는 새신자반에서 이 책을 활용할 생각이다. 지역 교회에 헌신하는 것이 무엇인지 교인들에게 알려주고 싶다면 이 책을 필독서로 삼아야 할 것이다. 이 책을 읽고 새신자에게도 권해 보라. 건강한 교회를 위해 매우 요긴할 것이다.

_ 마이클 캐트(셔우드침례교회 담임목사, 셔우드 영화사 기획자)

이 소중한 책이, 톰 레이너가 교회리더들 중의 리더로 간주되는 이유를 다시 한번 보여주었다. 통찰력 있는 이 책은 비록 짧은 내용이지만 큰 결실을 맺게 하며, 신실한 성도가 되는 데 필요한 실질적인 변화로 인도한다. 사려 깊은 조명과 적용 사례를 담아, 크고 작은 모든 회중의 건강과 갱신과 부흥을 위한 확실한 길잡이 역할을 할 것이다.

_ 데이비드 S. 도커리(유니온대학 학장)

이 책은 시기적절하고, 꼭 필요하고, 강력하고, 간단명료하며, 명

확하고, 성경적이다. 전 세계의 모든 목회자와 성도들이 꼭 읽어야 할 책이다. 그리스도를 따르는 모든 이들의 필독서다. 우리 교회의 교인들에게도 추천할 것이다. 우리를 성경으로 돌아가게 해준 데 감사한다!

_로니 플로이드(노스웨스트 아칸소 주, 크로스처치 담임목사)

오늘날의 교회는 교회 출석과 멤버십 면에서 쇠퇴하는 추세인데, 톰 레이너는 이런 교회들이 직면하는 의미심장한 도전을 다루었다. 그것은 곧 다른 이들을 섬김으로써 그리스도를 섬기라는 성경적 가르침이다. "너희는 그리스도의 몸이요 지체의 각 부분이라"(고전 12:27). 톰은 우리가 사도들의 가르침에 따라 어떤 역할을 감당해야 하는지 노련하게 짚어주며, 그리스도의 몸인 교회에서 다른 이를 어떻게 대해야 하는지 숙고하게 한다. 이 책은 교인 각자의 마음을 사로잡는다.

_프랭클린 그레이엄
(사마리아인의 지갑, 빌리 그레이엄 복음협회 회장 & CEO)

교회는 그리스도의 유일한 신부다. 교회는 세상에 다가가기 위한 하나님의 유일한 계획이며, 영원히 존속될 유일한 단체다! 교회가 쇠퇴하고 정체되는 지금 성경적인 교회를 찾아보기 매우 힘들다. 세계 곳곳의 성도들이 자신과 교회의 관계에 대한 성경의 가르침을 제대로 깨닫는다면 세상이 변할 것이다! 이 책은 모든 성도를 위한 필독서다.

_알렉스 히마야
[오클라호마 주, 털사의 TheChurch.at(BattleCreek/Midtown)
설립자이자 담임목사]

내가 성도로 주께 받은 은사를 통해, 그리스도의 몸 된 교회를 섬기며 선한 영향력을 미칠 수 있는 특권을 지녔다는 사실이 참으로 감사하다. 교회멤버십은 영예요 특권이요 기쁨이다. 교회의 친교와 격려와 교화가 없었다면 내가 어디에 있겠는가? 그런 실체를 본서에서 생생하게 다루어준 톰 레이너에게 감사의 뜻을 전한다.

_조니 헌트(조지아 주, 우드스톡제일침례교회 목사)

서로 사랑하고 서로 위해 기도하며 함께 하나님을 섬기는 가운데, 이웃과 열방을 향해 눈을 돌리는 신자들의 모임보다 더 귀한 것은 없다. 그러나 실제로 이렇게 하는 회중은 극히 드물다. 우리는 성경적인 교회멤버십을 가르치는 일에 실패했고 뿌린 대로 거두었다. 우리의 멤버십은 무의미하고, 성도들에게서 헌신을 찾아보기 힘들다. 이 책은 교회멤버십이 특권과 책임 둘 다를 포함하고 있음을 상기시킨다. 여러 해 전에 목회를 시작할 때 이런 책을 볼 수 있었다면, 내가 사역했던 교회들을 더 강건하게 인도할 수 있었을 것이다. 이제 이 책을 읽었으므로 나는 분명 더 나은 성도가 될 것이다.

_ 척 롤리스(사우스이스턴신학교 대학원장, 국제선교국 신학교육 고문)

톰 레이너는 지역 교회를 위한 책을 내가 아는 그 어떤 학자보다 많이 썼다. 본서는 그중에서도 단연 돋보인다. 책임 있는 교회멤버십으로 예수님을 기쁘게 해드리고자 하는 모든 이를 위한 완벽한 개론서다. 흥미롭고, 통찰력 있고, 도전적이며, 성경에 깊이 뿌리를 두고 있다. 모든 복음주의 교인들이 이 책을 읽고 적용하기를 진심으로 바란다.

_ 페이지 패터슨(텍사스 주, 포트워스의 사우스웨스턴신학교 학장)

톰 레이너는 두 세대의 그리스도인을 위한 심오하고도 실천적인 자료를 제시한다. 두 세대란 매우 안락하여 교회 일에 무관심한 세대, 그리고 교회를 아예 떠나는 우리 세대다. 그런 이들에게 본서는 성도가 무엇을 뜻하는지 상기시키며, 새로 교회에 나온 사람들에게는 지역 교회에 헌신하는 삶과 그로 인한 기쁨을 일깨워주는 입문서 역할을 한다. 모든 신자에게 강력히 추천하고 싶은 책이다.

_ 바나바스 파이퍼(WorldMag.com 칼럼니스트, 존 파이퍼 목사의 아들)

나는 젊은 비즈니스 리더들에게 늘 이야기한다. 사람들이 연루되기 전까지는 사업이 쉽다고…. 일단 둘 이상이 연루되면 여러 의견 대립이 생겨나기 마련이다. 교회에서도 마찬가지다. 본서에서 톰 레이너는 교인들이 다양한 의견을 지녔더라도 효과적이며 단합된 교회공동체를 이루는 것이 가능함을 상기시킨다.

_ 데이브 램지(뉴욕타임즈 베스트셀러 작가이자 라디오 쇼호스트)

교인들 각자가 자신이 무엇을 얻을 수 있을지가 아니라 무엇을 베풀 수 있을지에 근거하여 교회를 선택한다면 어떤 일이 일어날까? 각자가 격려받기보다는 품성 함양에 더 몰두한다면 어떻게 될까? 섬김받기보다는 자신의 은사와 자원을 이용하여 섬기는 일에 초점을 맞춘다면 어떻게 될까? 레이너 박사는 본서에서 이 물음에 대한 답을 시원하게 제시한다. 적은 분량이지만 강력한 설득력을 지닌 이 책은, 교회가 어떤 모습이어야 하며 어떤 힘을 발휘해야 하는지 알려준다. 교회공동체에 속한 목회자나 교인에게 활력과 비전을 제시한다. 모든 교인에게 꼭 권하고 싶은 책이다.

_ 프리실라 쉬어러(성경교사이자 작가)

교회를 비판하는 글은 매우 많다. 그러나 우리는 예수님과 그분의 신부인 교회를 멸시할 수 없다. 이 책에서 톰 레이너는 건강한 교회멤버십에 대한 적극적인 비전을 제시하며, 그리스도의 신부인 교회의 위대한 가치를 상기시킨다. 교회공동체를 위한 강력한 비전이 절실히 요구되는 시대에 본서는 보기 드문 보화다.

_ 에드 스테처(라이프웨이리서치 대표)

간단명료하고, 심오하고, 실천적이며, 확신을 갖게 한다. 이는 본서를 읽고 느끼는 바다. 톰 레이너는 그리스도인들에게 꼭 필요한 것을 나눈다. 신자 공동체를 세우기 위한 기초적인 받침목이다.

_ 데이브 스톤(켄터키 주, 루이스빌 사우스이스트크리스천교회 담임목사)

본서는 교회리더와 교인들을 위한 귀한 자료다. 소비주의에 사로잡힌 세계에서, 레이너 박사는 성경적인 성도의 임무와 헌신에 대해 일깨워준다. 모든 교인에게 추천하고 싶은 책이다.

_ 지오프 수랏(엑스포우넨셜 전무이사)

예수님을 따르는 일은 단순히 믿는 것보다 훨씬 더 많은 그 무엇을 수반한다. '소속'을 수반한다. 그리스도의 몸에 소속될 때, 비로소 우리는 그분의 의도하신 모습으로 자라갈 수 있다. 사실 혼자 힘으로 영적 성장에 이르는 것은 불가능하다. 우리는 몸의 다른 지체들과 연결되어야 한다. 이 탁월한 소책자는 교회 가족에 소속됨으로써 얻는 힘에 대해 설명한다.

_ 릭 워렌(새들백교회 목사)

   지역 교회의 성도가 되는 것은 단지 소속 교회를 갖는 것 그 이상이다. 그것은 신자 공동체 안에서 또 그 공동체를 통해 행하시는 하나님의 사역에 헌신하는 것이다. 다른 이들을 험담하는 것이 아니라 그들과 더불어 즐거이 연합하는 것이다. 자신을 섬기는 대신에 희생적으로 남을 섬기는 것이다. 종종 이 원칙은 자연스럽게 받아들여지지 않는데, 바로 이 때문에 본서를 읽어야 한다. 본서는 진정한 멤버십이 무엇이며, 그 유익이 무엇인지 이해하도록 도와줄 것이다.

_ 피트 윌슨(테네시 주, 내쉬빌 크로스포인트교회 담임목사)

I am a Church Member
당신은 교회의 고객입니까, 성도입니까?

Contents

추천의 글

감사의 말

서문 성도 두 사람에 관한 이야기 **023**

PART 1 제 역할을 수행하는 성도 **035**

PART 2 연합하는 성도 **053**

PART 3 자기 취향과 욕구에 교회를 맞추려 하지 않는 성도 **069**

PART 4 교회리더를 위해 기도하는 성도 **085**

PART 5 가족이 건강한 성도가 되도록 이끄는 성도 **101**

PART 6 교회멤버십을 소중한 선물로 여기는 성도 **117**

감사의 말

책을 하나 쓰는 데 온 마을사람들이 다 나서야 하는 건 아니지만, 사실 혼자만의 힘으로 책을 쓰긴 참 힘들다. 본서는 많은 사람들이 공동으로 노력한 결실인데, 그들 중 대부분이 내 삶에서 꼭 필요한 사람들이다.

나는 내 가족을 사랑한다. 진심으로 사랑한다. 아내인 넬리 조를 사랑한다. 아들인 샘과 아트와 제스를 사랑한다. 며느리인 에린과 사라와 레이첼을 사랑한다. 손자손녀인 캐넌, 매기, 나다니엘, 하퍼, 브렌을 사랑한다. 먼저 하늘나라로 간 아주 보고 싶은 손자 윌을 사랑한다. 내가 가족을 먼저 언급하는 것은 그들이 내 삶에서 가장 중요하기 때문이다. 가족의 사랑과 격려가 없다면, 나는 집필을 비롯한 아무 일도 해내지 못했을 것이다.

하나님이 라이프웨이 크리스천 리소시즈(LifeWay Christian Resources)로 인도해 주신 덕분에 내 삶이 참으로 풍요로워졌다. 세계 각국의 수많은 사역자들과 협력할 수 있으니, 나는 정말 복된 사람이다. 진정 하나님은 그들을 통해 역사하신다.

본서를 아내 넬리 조와 라이프웨이 부회장인 브래드 와고너에게 바친다. 브래드의 도움이 없다면 내가 라이프웨이를 이끌지 못할 것이다. 물론 궁극적으로는 본서를 하나님께 바치길 원한다.

이것은 그리스도의 교회에 관한 책이다. 아버지께서 세상을 매우 사랑하시어 당신의 아들을 보내 교회를 위해 죽게 하셨다. 이 작은 책자가 지역 회중을 강건하게 하는 데 사용되길 기도한다. 또 성도들이 그리스도의 몸에 속하는 놀라운 은혜를 직시하게 되기를 기도한다.

이 책을 읽되 기도하는 마음으로 읽기 바란다. 그리고 독자들이 성령의 능력으로 더욱 헌신적이고 희생적인 성도로 변화되기를 간절히 바란다.

서문

성도 두 사람에 관한 이야기

마이클과 리암이 매주 월요일 아침 6시 식사모임을 시작한 지도 5개월이 지났다. 처음에는 한 차례 모임으로 끝날 거라 생각했다. 그들은 교회의 부부 성경공부 그룹에서 만났다. 여러 면에서 서로 죽이 맞아 좋은 친분을 쌓아가고 있었다. 몇 달 전 어느 월요일 아침에 아침식사를 함께하자며 마이클이 리암을 처음 초대했을 때, 리암은 흔쾌히 동의했다.

두 사람은 함께하는 시간이 매우 좋아 매주 모임으로 이어갔다. 그 후로 월요일 아침마다 서로 만나지 않은 적이 거의 없다.

친교 초기 대화 소재는 스포츠, 가족 그리고 정치에 집중되었다. 그들은 많은 것을 공감했다. 마이클은 41세, 리암은 39세였다. 둘 다 자녀가 셋이고, 대학 풋볼 광팬이었다. 그들이 응원하는 팀은 모두 같은 풋볼연맹 소속이었고, 격렬한 라이벌이기도 했다. 서로 상대방 팀을 농담 삼아 헐뜯는 걸 즐겼다.

그런데 어느 월요일 아침, 대화가 사뭇 진지해졌다. 마이클 부부는 성경공부 모임에서 리암의 태도에 어떤 변화가 있음을 이미 알아차렸다. 성경공부와 토론보다는 교회 이야기에 부쩍 관심을 보이는 것 같았다. 또 리암은 소속 교회를 비판하는 말을 자주 했다.

그럼에도 그 월요일 아침 마이클은 허를 찔렸다. 작은 식당에서 나오는 수란은 리암의 단골 메뉴였다. 그런데 그 월요일 아침에는 그것을 건드리지도 않았다. 커피도 거의 입에 대지 않았다.

리암이 본론에 들어가기까지는 긴 시간이 걸리지 않았다.

"마이클, 라나와 나는 교회를 떠나기로 했어요."

몇 분 간 침묵이 흘렀다. 다음 말을 누가 이어야 하는지 둘 다 모르는 것 같았다. 마이클이 부드럽고 신중하게 말했다.

"무슨 일인지 자초지종을 내게 들려줄 거죠?"

솔직히 마이클은 리암이 자세한 이야기를 하고 싶어하는지 알 수 없었다. 리암은 단호해 보였다. 그럼에도 리암은 자신의 감정과 이미 내린 결정에 대해 설명하기 시작했다.

"라나와 제가 교회에 간 건 성경 진리를 더 깊이 배우기 위해서였어요. 그런데 로버트 목사님은 제대로 가르쳐주지 않아요. 그의 메시지를 듣고서 얻는 게 전혀 없습니다. 주일예배에 참석하는 건 시간낭비일 뿐이죠."

마이클은 아무런 대꾸도 하지 않았다. 리암의 말이 아직 끝나지 않았음을 알고 있었다.

"교회에 훌륭한 분들도 몇 분 있죠."

리암이 말을 계속했다.

"당신과 카렌이 최고죠. 당신 같은 이들이 몇 분 더 있어요."

말을 잠시 멈춘 리암의 안색이 한층 더 진지해졌다.

"하지만 솔직히 마이클, 우리 교회에는 위선자들이 가득해요. 아이들 야구경기 때 짐이 어땠는지 알아요? 심판들에게 고래고래 소리 지르는 모습이 몹시 거슬렸어요. 그리스도인이 그래서야 되겠어요? 닐에 대해서는 다 알고 있죠. 우리 교회의 기둥으로 알려진 사람이 1년이 넘도록 자기 아내를 속여 왔잖아요. 도대체 어떤 교회이기에 이런 사람들로 가득하죠?"

리암은 흥분했지만 계속 분을 뿜어내면서 자제심을 되찾았다.

"로버트 목사님은 우리를 잘 돌보는 것처럼 행동하지만, 내게는 그렇게 보이지 않아요. 얼마 전에 장인어른이 탈장수술로 입원한 사실을 내가 알려드렸는데도, 목사님은 병원을 한 번도 방문하지 않았습니다."

리암의 장인이 같은 교회의 교인이 아니라는 점을, 그리고 약 80킬로미터 떨어진 곳에 거주한다는 것을 마이클은 알고 있었다. 또 로버트 목사가 그에게 전화해서 함께 기도했다는 것도 알고 있었다. 그러나 그 상황에서는 어떤 반박도 소용없을 거라는 생각이 들었다. 그래서 아무 말도 하지 않았다.

리암의 언성이 차츰 가라앉는 것 같았다. 지친 나머지 대화를 끝내려는 듯했다. 그러면서 몇 마디 말과 의미심장한 두 가지 질문을 던졌다.

"마이클."

리암이 부드럽게 말했다.

"나는 당신과 카렌 그리고 당신의 두 자녀를 정말 좋아합니다. 당신 가족은 최고예요."

잠시 멈춘 후에 말을 이었다.

"하지만 당신은 교회에 너무 매인 것 같습니다. 봉사와 헌신을 계속하시니 대단합니다. 오해하지 마세요. 때로 나는 교회에서 일어나는 여러 문제를 당신이 전혀 모르고 있지 않나 하는 생각이 듭니다."

그런 후 리암은 매우 의미심장한 질문으로 말을 맺었다.

"우린 정말 다른 유형의 성도예요. 그 이유가 뭘까요? 우린 왜 그토록 다른 시각을 지녔을까요?"

차이

2004년부터 2010년까지 557교회를 조사한 자료에 따르면, 미국의 열 교회 중 아홉은 쇠퇴하고 있거나 지역사회의 성장 속도보다 느리게 성장하고 있다. 간단히 말해, 교회가 설 땅을 잃어가고 있는 것이다.

세대별로 살펴보는 것도 한 방법이다. 미국에서 1946년 이전에 태어난 소위 건설 세대(Builder generation)의 2/3 정도가 그리스도인이다. 그러나 밀레니엄 세대(Millennials) 중 그리스도인은 15퍼센트에 불과하다. 이들은 1980년과 2000년 사이에 태어났다. 밀레니엄 세대는 미국 역사상 인구수가 가장 많은 세대로, 거의 8천만 명에 달한다. 우리는 그들 중 대부분을 잃은 셈이다.

그렇게 된 데 대해 세속 문화를 비난할 수 있다. 종종 우리도 그렇게 한다. 불경건한 정치를 비난할 수 있다. 그런 비난 역시 우리도 하는 것이다. 심지어 교회, 위선적인 교인, 부주의한 목사들을 비난할 수도 있다. 많은 그리스도인들이 그렇게 한다.

그러나 우리 성도들은 거울을 들여다볼 필요가 있다. 그리스도 몸의 일부가 된다는 것이 무슨 뜻인지 성경적으로 이해하지 못하기 때문에 나약해지는 성도가 많다. 우리는 다른 이들이 우리를 섬기며 보살펴줄 것을 기대하고서 교회에 나간다. 우리는 교회 안의 위선자들을 싫어하면서, 자신의 위선은 알아차리지 못한다.

하나님이 우리에게 주신 지역 교회는 이러저러한 특권을 누리게 하는 컨트리클럽 같은 곳이 아니다. 하나님이 우리로 교회에 속하게 하신 것은, 다른 사람을 섬기고 돌보며 리더를 위해 기도하고 배우고 가르치고 베풀며, 경우에 따라서는 복음을 위해 죽기까지 하게 하시기 위함이다.

많은 교회가 연약한 이유는, 성도들이 멤버십의 의미를 곡해하기 때문이다. 지금은 그 의미를 바르게 할 때다. 하나님의 의도에 맞는 성도가 될 때다.

여정

교회멤버십의 특권과 기쁨을 발견하거나 재발견하는 이 여정에 함께하기를 바란다. 교회멤버십의 의미를 깊이 고찰하기 전에, 먼저 다음 장을 읽기 바란다. 그런 다음 기도하는 마음으로 주의 깊게 여섯 단계로 나아가자. 각 단계의 끄트머리에서는, 교회에 대한 참다운 헌신을 다짐 수 있기를 바란다.

이 여정이 끝나면 두 가지 결실을 거둘 것이다. 첫째, 자신이 속한 교회에 대해 새로운 태도를 갖게 될 것이다. 머리가 되려하기보다는 꼬리가 되는 즐거움을 배울 것이다. 교회의 잘못된 부분에 대해서도 불평하기보다는 교회를 위한 최선이 무엇인지를 모색하는 사람이 될 것이다. 둘째, 당신의 교회가 변하기 시작할 것이다. 성도 한 사람이 건강해지면 교회가 더 건강해진다. 교회가 더 건강해지면 지역사회와 세상에 더 선한 영향을 미칠 것이다.

우리의 상황이 이토록 좋지 않은 이유는, 이 땅의 교회가 그만큼 건강하지 못하기 때문이다. 열 교회 중 아홉이 더 이상 지역사회에 영향을 미치지 못한다는 점에서 그 심각성이 분명히 드러난다. 그러나 당신과 함께라면 상황은 변할 수 있다. 지금 시작할 수 있다.

우리 각자는 성도다. 이어지는 페이지에서, 당신은 교회멤버십의 참된 의미를 발견할 것이다. 삶의 변화를 준비하라. 교회의 변화를 준비하라. 그리고 교회가 지역사회와 온 세상에 어떤 영향을 미칠 수 있는지를 주목하라.

PART 1
제 역할을 수행하는 성도

남부의 자그마한 읍내에 사는 소년에게 그것은 대단한 것이었다. 나는 컨트리클럽이 뭔지 몰랐으나, 우리 마을에 그것이 생겼다. 그곳에는 수영장과 식당과 미팅룸이 있었다. 몇 년 후에는 작은 골프 코스도 생긴다고 했다.

그 컨트리클럽은 우리가 흔히 생각하는 전형적인 호화 클럽은 아니었다. 몇몇 오락시설을 제공함으로써, 소도시에서 돈을 좀 벌어보려는 자그마한 사기업이었다.

그런데 나는 감격했다. 부모님이 중산층이어서, 매달 입회비를 지불할 여력이 있었다. 나로서는 원하는 것을 모두 가진 셈이었다. 이제 수영장에 갈 수 있었다. 내가 아는 사람 중에 읍내에 수영장이 있는 사람은 없었다. 따라서 그 시설은 내 마음을 들뜨게 하기에 충분했다. 매점에서 햄버거를 주문할 수도 있었다. 수영장이나 미팅룸에서 생일파티도 할 수 있었다.

나는 멤버십에 대해 알게 되었다. 멤버십은 특전, 곧 특권을 뜻했다. 다른 이들의 서비스를 받는 것이었다. 현행 요금을 지불하기만 하면, 다른 이의 보살핌을 받으면서 여가를 즐길 수 있었다.

안타깝게도, 많은 성도들이 이 같은 멤버십 개념을 가지고 있다.

"이건 내 교회입니다. 그러니 내가 원하는 찬송이 연주되어야 해요."

"목사님, 목사님 월급을 누가 지불하는지 기억하세요."

"만일 이 프로그램을 진행하지 않으면 나는 헌금을 보류할 겁니다."

"이 교회에 30년 이상 다녔으니, 내가 원하는 것을 얻을 권리가 있어요."

"그처럼 긴 설교를 들으려고 내가 이 교회에 헌금하는 게 아닙니다."

아마 감 잡았을 것이다. 비성경적인 멤버십 개념을 지닌 성도의 입에서 이처럼 안타까운 말들이 나온다. 그들의 멤버십 개념은 컨트리클럽 멤버십 개념에 가깝다.

그들에게 멤버십이란 주는 것이 아니라 받는 것, 섬김이 아니라 섬김받기, 책임이 아니라 권리, 그리고 희생이 아니라 자격취득 같은 것이다. 이 그릇된 멤버십 개념은, 십일조와 헌금을 흔쾌히 하나님께 드리는 예물이 아니라 어떤 특권을 얻게 하는 멤버십 회비로 여기게 한다.

그러면 성경이 말하는 교회멤버십이란 무엇일까?

멤버십(구성원 신분 또는 자격), 개인이 전체에 꼭 필요한 부분임을 뜻한다

신약성경에는 교회멤버십을 명확히 묘사하는 곳이 많다. 고린도전서 12-14장에 비교적 길게 묘사되어 있다. 12장에서, 바울은 여러 지체를 지닌 몸에 교회를 비유한다. 13장에서는 모든 성도가 지녀야 할 핵심적인 태도와 행동으로서 사랑을 제시한다. 그리고 14장에서는 그릇된 멤버십 개념으로 혼란스러운 고린도교회를 위해 조언한다.

교회리더와 성도 중에는 '멤버십'이라는 단어를 현대의 조직 개념이나 비즈니스 개념으로 보는 이들이 있다. 그래서 그 명칭 자체를 비성경적인 것으로 여겨 거부한다. 그러나 멤버십은 매우 성경적이다.

성경은 '성도'(members)를 세속 문화와는 다르게 설명한다. 예를 들면, 고린도전서 12장 27-28절을 보라. "너희는 그리스도의 몸이요 지체의 각 부분이라 하나님이 교회 중에 몇을 세우셨으니…" 차이점을 알겠는가? 교회의 각 지체는 전체를 형성하며, 전체의 본질적 부분이 된다. 사도 바울은 이를 몸에 비유한다. 교회 내에서 눈, 귀, 발, 또는 손의 역할을 하는 이들이 있다는 것이다. 그래서 이렇게 결론 짓는다. "몸은 하나인데 많은 지체가 있고 몸의 지체가 많으나 한 몸임과 같이 그리스도도 그러하니라"(고전 12:12).

멤버십, 다르지만 서로 협력함을 뜻한다

컨트리클럽 멤버십은 회비를 지불한 대가로 다른 사람의 서비스를 받는다. 교회멤버십은 각자 맡은 역할이나 기능을 수행하게 한다. 저마다 손, 발, 귀, 또는 눈의 역할을 하는 것이다. 우리는 모두 다르지만 전체의 필수적인 부분이다.

따라서 각 부분은 자신의 일을 해야 한다. 그렇지 않으면 전체 몸이 고통당한다. 교회멤버십은 통일성 가운데 아름다운 다양성이 있다. 한 부분이 제 일을 감당하지 않으면 전체 몸도 제 역할을 하지 못한다는 점을 성경은 분명히 지적

한다. 반면, 한 부분이 제 일을 잘 감당하면 전체 몸이 즐거워하며 더 강해진다. "만일 한 지체가 고통을 받으면 모든 지체가 함께 고통을 받고 한 지체가 영광을 얻으면 모든 지체가 함께 즐거워하느니라"(고전 12:26).

멤버십, 모든 언행이
성경적 사랑을 기반으로 함을 뜻한다

대부분의 성경 독자들은 '사랑장'으로 알려진 고린도전서 13장을 많이 읽는다. 결혼식에서도 종종 읽히는 내용이다. 신랑이나 신부가 상대방에게 사랑을 선언할 때 이를 사용하기도 한다. '아가페'나 무조건적 사랑의 더 온전한 의미를 드러내기 위한 설교에서 자주 인용한다.

이런 상황에서 사랑장을 사용하는 것은 아무 문제가 없다. 그러나 원래 의미는 성도 상호 간의 관계에 대한 것이다. 고린도전서 13장은 교회의 모든 모임에서 읽기에 가장 적합한 성경 본문이다. 만일 우리가 사랑장의 원칙을 지키기만 한다면, 온전히 건강한 교회를 세울 수 있을 것이다. 그것이야말로 혁명이다!

고린도전서 13장에 수록된 몇 가지 관계 원칙을 살펴보자. "사랑은 오래 참고 사랑은 온유하며 시기하지 아니하며 사랑은 자랑하지 아니하며 교만하지 아니하며 무례히 행하지 아니하며 자기의 유익을 구하지 아니하며 성내지 아니하며 악한 것을 생각하지 아니하며"(고전 13:4-5).

이 본문의 원칙만으로도 대부분의 교회가 부흥을 일으키기에 충분하다! 우리는 동료 교인들이 사랑받을 만해서 사랑하는 차원에 머물러서는 안 된다. 사랑스럽지 않은 이들도 사랑해야 한다. 목회자들이 마음에 드는 일을 할 때만 그들을 위해 기도하며 격려하는 데 그쳐서도 안 된다. 마음에 들지 않는 일을 할 때도 그들을 위해 기도하고 격려해야 한다. 또 다른 이들의 협력이 있을 때만 봉사에 나서서도 안 된다. 혼자 감당해야 할 때도 교회를 섬겨야 한다.

교회멤버십은 사랑에 근거한다. 참되고 성경적이며 무조

건적인 사랑에 근거한다.

교회멤버십은 제 역할을 수행하는 멤버십이다

컨트리클럽의 회원으로 남는 법을 아는가? 회비를 지불하면 된다. 그러면 계속 서비스를 받을 수 있다. 교회의 '성경적인' 성도로 남는 법을 아는가? 풍성히 베풀며 머뭇거리지 않고 섬기면 된다.

'성경적'이라는 말에 유의하라. 당신은 여러 교회의 명부에 등록해 놓고 모습을 나타내지 않을 수 있다. 성탄절과 부활절에만 '활동하는' 소위 CEO 형 그리스도인일 수 있다. 아니면 봉사나 사역에는 손가락 하나 까딱하지 않으면서도, 매년 제법 큰 금액을 헌금함으로써 존중받는 성도일 수도 있다.

그러나 그런 유형의 멤버십은 성경적이지 않다. 그것은 사람이 만든, 사람 중심의, 사람의 지지를 받는 멤버십에 불과하며, 성경의 가르침과는 정반대다. 교회에서는 용납될 수 없다.

성경적인 교회멤버십은 조건 없이 베푸는 것이다. 성경적인 멤버십은 십일조와 헌금을 즐거운 마음으로 드리는 것이다. 어떠한 부대조건도 붙이지 않는다. 성경적인 교회멤버십은 자연스러운 섬김과 사역이다. 성경적인 교회멤버십은 '제 역할을 수행하는' 멤버십이다.

고린도전서 12장으로 다시 돌아가 이 개념을 더 자세히 살펴보자. 바울이 교회를 몸에 비유해 설명한 핵심적인 이유는 두 가지다. 첫째, 몸은 통일된 전체다. 마찬가지로, 교회도 임무와 목적과 사역에 있어 하나로 통일되어야 한다. 둘째, 몸은 통일될 뿐 아니라 여러 부분으로 구성되어 있다. 고린도전서 12장 12-26절에 언급된 지체들을 생각해 보라.

- 발
- 손
- 귀

- 눈
- 코

각각의 지체는 맡은 역할이 있다. 발의 역할은 걷는 것이다. 손의 역할을 쥐거나 잡는 것이다. 귀의 역할은 듣는 것이다. 눈의 역할은 보는 것이다. 코의 역할은 냄새 맡는 것이다. 성도는 모두 교회 내에서 맡은 역할이 있다. 활동하지 않는 성도란 모순된 개념이다. 성경적인 면에서 볼 때, 그런 성도는 사실상 존재하지 않는다.

우리의 은사와 능력을 알아야 하는 것도 바로 그 때문이다. 그래야만 하나님의 영광을 위해 교회를 섬기는 일에 그것을 가장 잘 활용할 수 있다. 교회에 많은 다양성이 존재한다는 사실은 큰 힘이 된다. 모든 지체에는 나름대로 제 역할이 있다. 모두가 역할을 수행해야 한다.

우리는 모두 각기 다른 은사와 능력을 지녔으므로, 다른 성도와는 다른 역할을 맡는다. 그러나 만일 우리가 참되고 성경적인 성도라면, 각자의 역할을 수행하는 성도일 것이다.

우리가 계속 자신에게 묻고 여호와께 여쭈어야 하는 물음 중 하나는, '어떻게 하면 내가 다니는 교회를 가장 잘 섬길 수 있는가' 하는 것이다. 자신이 속한 교회를 '섬겨야 하는지'에 대해서는 물어볼 필요도 없다.

만일 우리가 성도라면, 제 역할을 수행하는 성도여야 한다. 두 말할 여지가 없다.

첫째 서약

성도 명부에 대해 뭐라고 단언하기는 어렵다. 그러나 우리가 조사한 바에 따르면, 대부분 교회의 명부는 지나치게 부풀려져 있다. 교회 명부에 3백 명이 등록되어 있다면, 실제 성경적인 성도는 백 명 정도일 것이다. 1/3 정도만 제 역할을 수행하는 성도다. 풍성히 베풀며 주저 없이 섬기는 이들은 대략 1/3이다. 사실 1/3마저도 과장된 수치라고 보는 이들도 많을 것이다.

그러나 우리가 파악한 바에 따르면, 1/3 정도는 제대로 헌신하고 있다. 그들은 성경에서 말하는, 그리고 하나님의 뜻에 부합하는 성도가 되려고 서약한다. 그들은 흔쾌히, 풍성하게 베푼다. 그들은 주저 없이 섬기며 사역한다. 그들은 제 역할을 수행하는 성도가 되기로 서약하는 이들이다.

첫째 서약
나는 성도다.
I am a Church Member

나는 멤버십 비유를 좋아한다. 그것은 시민 단체나 컨트리클럽의 멤버십 같은 것이 아니다. 고린도전서 12장에서 말하는 부류의 멤버십이다. "너희는 그리스도의 몸이요 지체의 각 부분이라"(고전 12:27).
나는 그리스도 몸의 한 지체이기 때문에, 내가 '눈'이든 '귀'든 혹은 '손'이든 제 역할을 수행하는 성도여야 한다. 역할을 수행하는 성도로서, 나는 베풀 것이다. 섬길 것이다. 사역할 것이다. 복음을 전할 것이다. 공부할 것이다. 그리고 다른 사람들에게 축복이 될 것이다. "만일 한 지체가 고통을 받으면 모든 지체가 함께 고통을 받고 한 지체가 영광을 얻으면 모든 지체가 함께 즐거워"함(고전 12:26)을 기억할 것이다.

날짜와 서명

숙고할 문제

1. 컨트리클럽 멤버십과 교회멤버십이 어떻게 다른가? 교회멤버십이 다르다는 것을 뒷받침하는 성경구절은 무엇인가?
2. 고린도전서 12장에 근거하여, 교회멤버십이 성경적 개념인 이유를 설명해 보자.
3. '사랑장'인 고린도전서 13장은 교회멤버십과 어떻게 연관되는가? 13장 전체를 활용하여 설명해 보자.
4. 몸의 여러 지체(귀, 코, 입, 손, 발, 눈 등)가 교회멤버십과 어떻게 연관되는가? 당신의 교회에서는 여러 지체들이 어떤 역할을 해내고 있는가?
5. 교회멤버십과 관련하여, 성도가 자신의 영적 은사를 알고 사용하는 것이 왜 중요한가? 고린도전서 12장과 연관시켜 답해 보자.

몸은 하나인데 많은 지체가 있고
몸의 지체가 많으나 한 몸임과 같이
그리스도도 그러하니라

_고전 12:12

PART 2
연합하는 성도

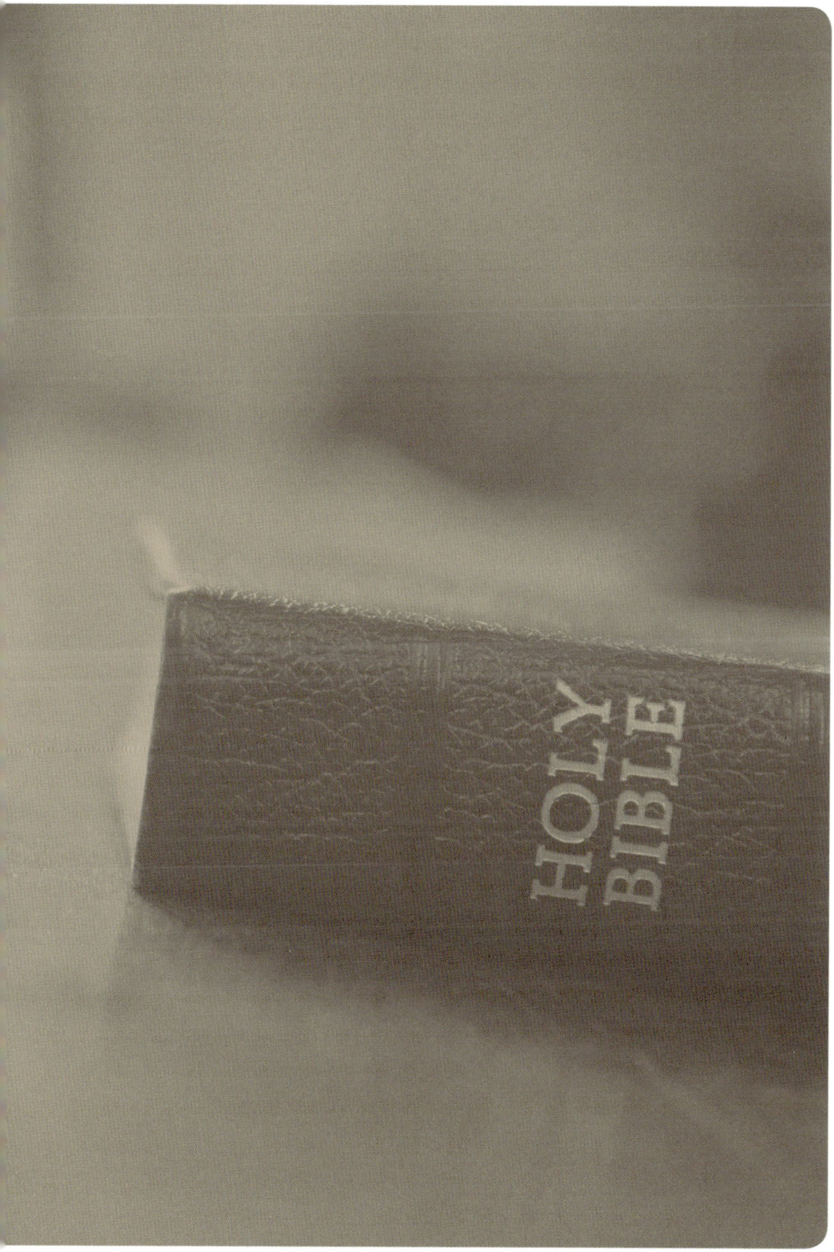
HOLY
BIBLE

하나님은 그리스도인들이 함께 잘 지내기를 원하신다. 사실 이 점을 강조하신다. 예수님도 그 점을 분명히 하셨다. "너희가 서로 사랑하면 이로써 모든 사람이 너희가 내 제자인 줄 알리라"(요 13:35).

이 말씀이 무슨 뜻일까? 세상은 상대방에게 행하는 우리의 모습을 보고서, 우리가 그리스도인인지 여부를 알 것이다. 당신은 교회에서 볼썽사나운 비즈니스 모임에 참석해 본 적이 있는가? 그런 행동을 본 외부인이 어떤 인상을 받았을 거라 생각하는가? 다른 사람을 험담하는 그리스도인을 본 적이 있는가? 그것이 서로 사랑하는 모습인가?

우리가 그리스도인이 될 때, 하나님은 우리가 교회의 한 부분이 되기를 기대하신다. 우리가 교회의 한 부분이 될 때, 하나님은 우리가 교회의 연합을 도모하기를 원하신다. 좀더 강하게 표현하자면, 하나님은 우리가 교회의 연합을 도모하기를 '요구'하신다.

연합

나는 팀 스포츠를 좋아한다. 그리고 보통의 실력으로 우승하는 팀들을 보아왔다. 재능 있는 운동선수도 중요하다. 그러나 더 중요한 것은 그들의 협력이다. 연합이 중요한 것이다.

마찬가지로 성도들이 협력하지 않을 때, 전체로서의 교회가 힘을 잃는다. 아마 이 비유는 약할 것이다. 왜냐하면 지역교회는 그 어떤 스포츠 팀보다 훨씬 더 중요하기 때문이다.

그러나 요점을 이해하기 바란다. 연합은 교회의 건강을 위해 필수적이다. 또 이는 모든 성도가 교회의 연합을 위해 노력해야 함을 뜻한다.

사도 바울은 에베소서에서 연합에 관해 많이 언급했다. 그는 에베소교회를 좋아했다. "이로 말미암아 주 예수 안에서 너희 믿음과 모든 성도를 향한 사랑을 나도 듣고 내가 기도할 때에 기억하며 너희로 말미암아 감사하기를 그치지 아니하고"(엡 1:15-16). 이 구절을 봐도 알 수 있다.

바울이 그 성도들로 인해 감사했던 이유는 무엇일까? 바울은 예수님을 믿는 그들의 믿음과 "모든 성도를 향한 사랑"을 감사했다. 때로 우리는 진정으로 경건한 사람을 '성인'이라 부르지만, 성경에서는 그리스도인을 가리켜 '성도'라 지칭한다. 따라서 바울은 성도 간의 사랑에 대해 감사했던 것이다.

연합은 무척이나 중요하다. 바울은 에베소교회 성도들에게 그 점을 거듭 강조했다. "그러므로 주 안에서 갇힌 내가 너희를 권하노니 너희가 부르심을 받은 일에 합당하게 행하여 모든 겸손과 온유로 하고 오래 참음으로 사랑 가운데서 서로 용납하고 평안의 매는 줄로 성령이 하나 되게 하신 것을 힘써 지키라"(엡 4:1-3).

우리는 성도로서 책임이 있다. 각자 연합을 도모해야 한다. 결코 분열을 획책해서는 안 된다. 동료 성도들을 무조건적으로 사랑해야 한다. 모든 이들과 언제나 같은 의견일 수는 없지만, 교회의 연합을 위해 자신의 취향을 기꺼이 버릴 수 있어야 한다.

자신의 취향에 대해서는 나중에 언급할 것이다. 여기서는 연합에 초점을 맞춘다. 연합을 추구할 때, 우리는 사랑을 드러낸다. 바울이 골로새교회에 했던 말을 살펴보자. "이 모든 것 위에 사랑을 더하라 이는 온전하게 매는 띠니라"(골 3:14).

바울은 "이 모든 것 위에"라고 말했다. 이는 그보다 더 중요한 것이 없음을 뜻한다. 연합은 교회에서 참으로 중요하다. 당신은 나름대로 역할을 하고 있는가?

험담과 부정적인 말

로마서 1장 29-31절은 매우 암울한 내용이다. 여러 불의한 행위를 나열한다. "곧 모든 불의, 추악, 탐욕, 악의가 가득한 자요 시기, 살인, 분쟁, 사기, 악독이 가득한 자요 수군수군하는 자요 비방하는 자요 하나님께서 미워하시는 자요 능욕하는 자요 교만한 자요 자랑하는 자요 악을 도모하는 자요 부모를 거역하는 자요 우매한 자요 배약하는 자요 무정한 자요 무자비한 자라"

참으로 암담한 내용이다. 이 목록 중간에 험담이 나온다("수군수군하는 자"). 어떤 사전은 이를 "실없는 이야기"(idle talk)로 풀이한다. 소문과 연관 짓기도 한다. 그런가 하면 이를 다른 사람에 관한 입증되지 않은 정보로 보는 이들도 있다.

험담은 나쁘다. 파괴적이다. 본 장은 연합에 관해 다룬다. 교회의 연합을 험담만큼 잘 파괴하는 것도 드물다. 연합된 교회는 강력하다. 험담은 그런 연합을 무너뜨려 교회를 무기력하게 만든다.

유명한 기독교 단체를 이끄는 한 친구에 따르면, 그 단체의 직원 매뉴얼에는 '험담 금지'라는 항목이 실제로 들어 있다고 한다.

만일 한 직원이 다른 직원에게 할 말이 있다면 직접 해야 한다. 험담은 허용되지 않는다. 험담하는 직원은 실직할 수도 있다. 험담이 단체의 연합을 파괴하기 때문이다.

야고보는 말의 부정적인 힘에 대해 언급할 때 완곡한 표현을 쓰지 않았다. "혀는 곧 불이요 불의의 세계라 혀는 우리 지체 중에서 온 몸을 더럽히고 삶의 수레바퀴를 불사르나니 그 사르는 것이 지옥 불에서 나느니라"(약 3:6).

그러면 우리 교회에서 생기는 험담 문제에 어떻게 대응해야 할까? 첫째, 험담거리를 만들지 말아야 한다. 험담일 수 있다는 의심이 들면 아예 언급하지 말고 혀를 단속해야 한다.

둘째, 험담을 늘어놓으려는 교인을 만나면 부드럽게 타일러야 한다. 그런 사람을 너무 거칠게 대할 필요는 없다. 다만 아무런 험담도 듣고 싶지 않음을, 또 그런 말이 퍼지지 않기를 바란다고 차분히 알려주면 된다. 당신은 그처럼 간단한 말로써 하나 되게 하는 역할을 할 수 있다.

당신 같은 성도가 몇 명만 더 있어도 좋은 영향력이 두루 퍼지기 시작할 것이다. 당신의 교회에서는 험담이 용인되지 않음을 다른 성도들도 알게 될 것이다. 그리고 교회는 기쁨과 연합의 처소가 될 것이다.

"생명을 사랑하고 좋은 날 보기를 원하는 자는 혀를 금하여 악한 말을 그치며 그 입술로 거짓을 말하지 말고"(벧전 3:10). 생명을 사랑하라. 좋은 날을 보라. 혀를 금하라. 험담을 그치라. 연합을 도모하는 자가 되라.

용서와 연합

나는 젊은 사업가 시절에 색다른 경험을 한 적이 있다. 아내와 나는 마음에 드는 한 교회를 찾았다. 그 교회의 목사와 그의 설교가 좋았다. 우리는 친교를 즐겼고, 그 교회의 여러 사역을 좋아했다.

담임목사가 설교 중에 화요일 오전 5시에 기도모임을 열 것이라고 언급했다. 하나님이 교회를 이끌어주시기를 함께 모여 기도하자는 제의였다. 소수의 인원이라도 헌신적으로 기도하기를 원하는 교인이면 좋겠다고 했다. 나는 기꺼이 합류했다.

그 기도모임은 30여 년이 지난 지금까지 다시 돌아가고픈 기억으로 남아 있다. 경건한 사람들과 함께하는 기도, 존경하는 담임목사와의 친교, 우리의 삶을 변화시키시는 하나님의 손길…. 정말 가슴 벅찬 경험이었다.

우리는 묵상기도로 시작했다. 통성기도 전에 하나님과 더불어 조용히 교류하는 시간을 보냈다. 그런데 기도하려고 할 때마다, 내 생각이 고등학교 시절로 되돌아갔다. 한 교사의 얼굴이 내 마음의 눈에 선명하게 보였다. 도무지 기도할 수가 없었다.

그 교사는 나를 신체적으로 학대했다. 나는 그 사실을 아무에게도 말하지 않았다. 수치스럽고 분노했으며 증오심을 품었다.

나는 하나님이 무엇을 하시려는지 깨달았다. 하나님이 교회에서 나를 당신의 도구로 사용하시려면, 내가 그 교사를 용서해야만 했다. 그래서 나는 동료 기도용사들에게 사실대로 말했고, 용서하지 않은 죄를 용서해 주시기를 하나님께 간구했다. 그리고 오래 전에 내게 상처 준 그 사람을 용서했다.

그 순간 자유가 임했다. 내 기도생활이 다시 열렸다. 하나님은 예상치 못한 방식으로 나를 사용하기 시작하셨다. 얼마 후 나는 그 교회를 떠났고 사업도 그만두었다. 하나님이 나를 직업관련 사역자로 부르셨다. 그 모든 것은 용서와 더불어 시작되었다.

예수님은 분명히 말씀하셨다. "너희가 사람의 잘못을 용서하면 너희 하늘 아버지께서도 너희 잘못을 용서하시려니와 너희가 사람의 잘못을 용서하지 아니하면 너희 아버지께서도 너희 잘못을 용서하지 아니하시리라"(마 6:14-15).

성도가 용서하지 않는 마음을 품고 있으면 교회의 연합이 이루어지지 않을 것이다. 교회 안에서 다른 성도의 말이나 행동 때문에 분노하거나 상처를 입는 경우가 참 많다. 목회자나 사역자 때문에 분노하거나 상처받는 성도도 있다.

바울은 골로새서 3장 12-14절에서 이렇게 당부한다. "그러므로 너희는 하나님이 택하사 거룩하고 사랑 받는 자처럼 긍휼과 자비와 겸손과 온유와 오래 참음을 옷 입고 누가 누구에게 불만이 있거든 서로 용납하여 피차 용서하되 주께서 너희를 용서하신 것 같이 너희도 그리하고 이 모든 것 위에 사랑을 더하라 이는 온전하게 매는 띠니라"

각 지역 교회는 불완전한 성도와 불완전한 목회자로 구성되어 있다. 우리는 실수를 범한다. 우리는 모두 죄를 짓는다. 우리는 모두 위선자다. 성도들이 용서하지 않으려 할 때, 어느 성도가 용서하지 못할 정도로 무척 자만심이 강할 때, 교회는 찢어진다.

기억하라. 그리스도께서는 우리를 매우 사랑하셔서 우리를 용서하려고 십자가에서 죽으셨다. 그분이 우리를 용서하셨으니, 이제 우리도 다른 사람을 용서해야 한다. 용서는 교회연합의 필수 요건이다.

둘째 서약

교회멤버십은 명부에 이름을 올리는 것 그 이상이다. 그것은 사교 클럽에서 얻는 특권과는 다르다. 그 반대로 교회멤버십은 희생과 베풂과 용서에 관한 것이다.

이것은 본서의 여섯 가지 서약 중 둘째 서약이다. 서약하기 전에 서약 내용을 주의 깊게 읽으라. 교회연합에 관한 성경말씀을 특히 주의 깊게 숙고하라. 그리고 서약하기 전과 후에 기도하라. 이 서약을 지킬 수 있도록 하나님의 도우심을 구하라.

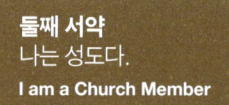

둘째 서약
나는 성도다.
I am a Church Member

　　나는 교회의 연합에 기여하는 성도가 될 것이다. 나는 그 어떤 목회자나 사역자나 성도도 완벽하지 않음을 알고 있다. 나 역시도 마찬가지다. 나는 험담이나 불화를 조장하지 않을 것이다. 내가 하나님의 능력 안에서 가장 크게 기여할 수 있는 일 중 하나는, 복음을 위해 교회연합을 유지하도록 최선을 다해 돕는 것이다.

날짜와 서명

숙고할 문제

1. 사랑이 온전하게 매는 띠(골 3:14)라고 한 바울의 말은 무슨 뜻인가? 오늘날 지역 교회를 위해 그 말씀이 의미하는 바는 무엇인가?
2. 교회에서 누군가 험담을 시도한다면 뭐라고 대처하는 것이 최선이겠는가? 험담에 대해 성경은 뭐라고 말하는가?
3. 지역 교회에서 용서와 연합은 어떻게 연관되는가? 서로 용서함에 대해 성경은 뭐라고 말하는가?
4. 마태복음 6장 14-15절을 보라. 이 말씀을 성도 됨과 연관시켜보자. 성도끼리 용서하지 않는다는 것은 무엇을 뜻하는가?
5. 고린도전서 13장을 읽어보자. 바울은 연합에 문제가 생긴 고린도교회에 '사랑장'을 써 보냈다. 이 본문은 오늘날의 성도에게 어떤 의미로 다가오는가? 각 절을 읽고 설명해 보자.

PART 3
자기 취향과 욕구에 교회를 맞추려 하지 않는 성도

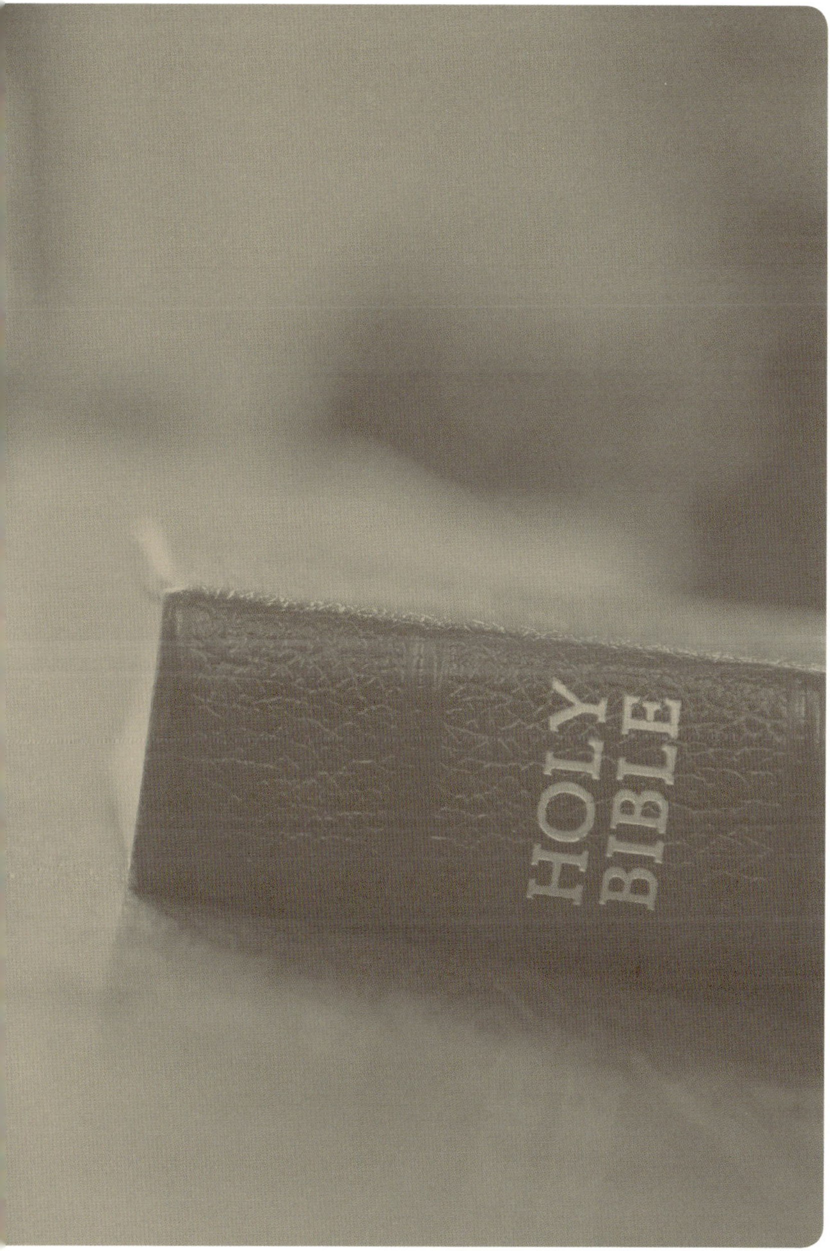
HOLY
BIBLE

나는 세 아들을 사랑한다. 그래서 여러 예화에서 그 아이들 이야기를 하고 싶을 때가 종종 있다. 지금은 그들도 자녀를 둔 어른이다. 그런데도 이따금 나는 그들의 어릴 적 이야기를 하곤 한다.

본 장을 시작하면서, 나는 제 방식대로 하려다가 서로 싸우며 난리법석을 떨었던 그 아이들을 예화로 들고 싶어졌다. 그런데 나 역시 한 치의 양보도 없이 내 방식을 고집하다가 여러 차례 형과 싸운 적이 있다.

나 역시 이기적인 개구쟁이였다. 그러나 성인이 된 후에는 그런 단계에서 벗어나는 것이 좋다. 그렇지 않은가? 우리가 그리스도인이 된 후에는 더욱 더 그런 모습으로 되돌아가지 않는 것이 좋을 것이다.

그런데 사실은 그렇지 않다. 그리스도인도 때로는 자기 방식만 고집하는 철없는 아이처럼 행동할 수 있다. 교회에 드러누워 발길질하면서 소리 지르는 식으로 분노를 표출하는 교인은 없을 것이다. 그러나 어떤 이들은 사실상 그와 비슷한 행동을 한다.

교회의 성도가 되면 자신의 취향을 포기하는 것이 옳다. 교회에는 자신의 마음에 들지 않는 것이 많을 수 있다. 그래도 우리가 교회에 나가는 것은 다른 이들의 요구를 채워주기 위해서다. 다른 이들을 섬기기 위해서다. 희생하기 위해서다.

감이 잡히는가? 종종 예수님은 듣는 자들을 당황스럽게 하는 말씀을 하셨다. 제자들마저 서로 다투는 성향을 드러냈다. 한번은 열두 제자가 누가 가장 큰지에 대해 논쟁했다. 그 광경을 상상해 보라. 예수님과 가장 가까운 사람들이 '내가 첫째'라는 싸움에 몰두하고 있었다. 그때 예수님은 다 자란 그 성인들을 불러 말씀하셨다. "누구든지 첫째가 되고자 하면 뭇 사람의 끝이 되며 뭇 사람을 섬기는 자가 되어야 하리라"(막 9:35).

물론 이것은 내게도 적용되는 말씀이다. 성도로서 내 취향을 우선시해서는 안 된다. 나는 첫째가 아니라 끝이 되어야 한다. 섬김을 받기보다는 섬기는 자가 되어야 한다. 종이 된다는 것은 무슨 뜻일까?

종 모티프

신약성경에서 '종'이라는 말은 57회 나온다. 때로는 실제로 어느 집의 종으로 일하는 자를 가리키기도 하지만, 그리스도인으로서의 역할을 지칭하는 경우도 여러 번 있다. '섬기다'는 말도 신약성경에서 58회나 나온다.

섬김은 성경에서 중요한 개념이다. 우리가 뭇 사람의 끝이 되며 뭇 사람을 섬기는 자가 되어야 한다고 예수님은 말씀하셨다. 그런데 우리 주변에는 그렇지 못한 성도들이 많은 것 같다. 자신의 취향과 욕구와 방식을 요구하는 성도가 많다. 그러나 예수님은 우리가 섬겨야 한다고 말씀하셨다.

바울도 섬김의 중요성을 언급했다. 그리스도인이 된 후에 그는 이렇게 선언했다. "이 복음을 위하여 그의 능력이 역사하시는 대로 내게 주신 하나님의 은혜의 선물을 따라 내가 일꾼이 되었노라"(엡 3:7).

우리가 자신의 방식을 줄곧 추구하는 한, 교회에서 결코 기쁨을 얻지 못할 것이다. 역설적으로, 끝이 되려 하면 가장 큰 기쁨을 찾게 될 것이다. 끝이 첫째가 될 거라고 하신 예수님 말씀이 바로 그런 뜻이다. 참된 기쁨이란 자신의 권리와 취향을 포기하고 뭇 사람을 섬길 때 얻는 것이다. 교회멤버십도 바로 그런 것이다.

연구 조사 결과

최근 우리 연구 팀에서는 내부지향적인 교회들을 조사했다. 그 교회들 대부분이 자기 교회에만 관심을 기울였다. 달리 말하면, 그들은 대체로 자신을 섬기는 교회였다.

이 조사에서 우리는 그런 성도들에게 나타나는 열 가지 행동 패턴을 알아냈다.

1. **예배 다툼** 교회 내의 분파가 각자 자신이 좋아하는 방식의 음악을 원한다. 자신의 취향에서 조금만 벗어나도 화를 낸다. 예배순서도 일절 변화가 없어야 한다. 그들이 요구하거나 금하는 악기도 정해져 있다.
2. **사소한 모임들을 질질 끎** 교회가 여러 모임에 과도한 시간을 허비한다. 이 모임 대부분이 대수롭지 않은 일을 위한 것이며, 예수님의 지상대명을 토론의 주제로 삼는 경우는 드물다.
3. **시설 중심** 교회 시설이 우상시 된다. 교회에서 최고 우

선순위에 두는 일 중 하나가 방과 가구 그리고 교회 건물과 대지의 다른 가시적인 부분을 간수하고 보존하는 것이다.

4. **프로그램 치중** 교회마다 프로그램이 있다. 우리는 어떤 방식으로든 사역을 시작할 때 나름대로의 프로그램에 따른다. 문제는 프로그램에 있는 것이 아니다. 프로그램이 사역을 위한 방편이 아니라 목적이 될 때 문제가 생긴다.

5. **내부지향적인 예산** 교회의 벽을 넘어설 생각은 좀처럼 하지 않고, 성도들의 필요를 만족시키는 일에 지나치게 많은 예산을 지출한다.

6. **목사의 보살핌을 지나치게 요구함** 모든 성도는 관심과 보살핌을 받을 자격이 있다. 어려움이나 위기에 처했을 때는 특히 그렇다. 그러나 성도들이 사소한 일에 대해서까지 터무니없는 기대를 피력할 때는 문제가 생긴다. 어떤 교인들은 성도라는 이유만으로 목회자의 정기적인 심방을 기대한다.

7. **권리를 내세우는 태도** 이는 여기 열거되는 여러 특성과 두루 결부되는 것이다. 특별대우를 받을 자격이 있다고 생각하며 그것을 요구하는 태도다.
8. **복음보다는 변화에 더 예민함** 교회에 무슨 변화라도 일어나면 많은 교인들이 화를 낸다. 그러나 삶을 변화시키는 복음 사역에 동참하려는 열정은 보이지 않는다.
9. **적대감** 성도들이 줄곧 화를 낸다. 교회 사역자나 다른 성도에게 적대감을 자주 표한다.
10. **복음전도에 대한 무관심** 자신의 믿음을 다른 이들과 더불어 정규적으로 나누는 성도가 거의 없다. 지역사회와 세상에 가장 필요한 것들보다는 자신의 욕구에만 관심을 보이는 이들이 더 많다.

이처럼 행동하는 성도들은 그들만의 필요와 취향을 만족시키는 데 골몰한다. 자기 방식의 음악을 원한다. 자기 방식의 건물을 원한다. 목사의 심방을 받지 못하면 실망한다. 교회에서 어떤 변화도 일어나지 않기를 바란다. 중요한 건 오직 '나 자신'이다.

그러나 성경적인 관점의 교회멤버십은 섬김과 관련된 것이다. 다른 사람을 먼저 생각하며 베풂과 관련된 것이다.

그리스도의 마음

우리가 지녀야 할 태도를 가장 잘 묘사한 구절 중 하나가 빌립보서 2장 5-11절이다. 사도 바울은 '예수 그리스도의 마음을 품을 것'을 강력히 명한다. 예수님의 마음은 어떤 것일까?

- 그는 근본 하나님의 본체시나 하나님과 동등됨을 취할 것으로 여기지 아니하셨다.
- 자기를 비어 종의 형체를 지니셨다.
- 자기를 낮추셨다.
- 십자가에서 죽기까지 복종하셨다.

빌립보서 2장이 그리스도의 순종에 관해서만 묘사한 것이 아님을 명심하라. 그것은 우리 모두가 따라야 할 모범이다. 우리는 종이 되어야 한다. 복종해야 한다. 다른 이들을 우선순위로 여겨야 한다. 교회 안의 연합을 위해서라면 무슨 일이든 감수해야 한다.

우리가 권리의 관점에서 교회멤버십에 접근한다면 많은 문제가 생긴다. 항상 우리는 교회를 위해 무엇을 할 수 있는지 먼저 자문해야 한다. 그럴 때 '끝'이 되는 기쁨을 발견할 것이다.

셋째 서약

종이에 서약 사인하는 것은 쉬우나 그 내용을 실행하기는 어렵다. 셋째 서약을 하기 전에 경각심을 가질 필요가 있다. 이 서약을 하고서 오래지 않아, 당신은 그리스도의 모습과는 전혀 다른 성도와 마주칠 것이다. 그는 음악이나 설교나 목회자의 잘못된 점을 이야기할 것이다.

그럴 때 당신은 그를 질책하고 싶을 것이다. 부드러운 질책이 효과적일 수 있지만, 이 셋째 서약을 기억할 필요가 있다. 시비를 잘 거는 비열한 그 성도도 당신이 섬겨야 할 사람 중 하나다.

이 서약을 실천하는 건 쉽지 않다. 사실 하나님의 도우심 없이는 실천이 불가능할 수도 있다. 그분의 힘과 지혜를 구하라. 다른 사람을 위해 희생해야 하는 상황이면 십자가를 기억하라. 우리를 위해 모든 것을 희생하신 예수님의 무조건적인 사랑에 사로잡힐 때, 비로소 우리도 다른 사람을 그런 사랑으로 대할 수 있을 것이다.

셋째 서약
나는 성도다.
I am a Church Member

나는 내 취향과 욕구에 교회를 맞추려 하지 않을 것이다. 그것은 자신을 섬기는 것이다. 나는 다른 사람들과 그리스도를 섬기는 성도다. 내 구주께서 나를 위해 십자가를 지셨다. 내 취향이나 스타일이 아닌 것도 나는 감수할 수 있다.

날짜와 서명

숙고할 문제

1. 개인적인 취향과 욕구의 관점에서, 교회멤버십과 컨트리 클럽 멤버십 간의 차이점을 알려주는 성경구절을 제시해 보자.
2. 그리스도인의 종 됨에 관해 말하는 성경구절을 찾아보자. 성도와 종이 어떻게 연관되는가?
3. 왜 많은 교회들이 '예배 전쟁'을 치르는가? 그것이 교회멤버십에 대한 태도와 무슨 관련이 있는가?
4. 그리스도의 마음과 종의 태도를 지닌 동료 교인이 있는가? 만일 있다면 그에게 적합한 신약성경 구절을 찾아보자.
5. 빌립보서 2장 5-11절을 찬찬히 읽어보자. 각 절에 담긴 그리스도의 태도가 어떻게 성도 각자를 위한 본보기가 되는지 설명해 보자.

그는 근본 하나님의 본체시나
하나님과 동등됨을 취할 것으로 여기지 아니하시고
오히려 자기를 비워 종의 형체를 가지사 사람들과 같이 되셨고
사람의 모양으로 나타나사 자기를 낮추시고
죽기까지 복종하셨으니 곧 십자가에 죽으심이라

_ 빌 2:6-8

PART 4
교회리더를 위해 기도하는 성도

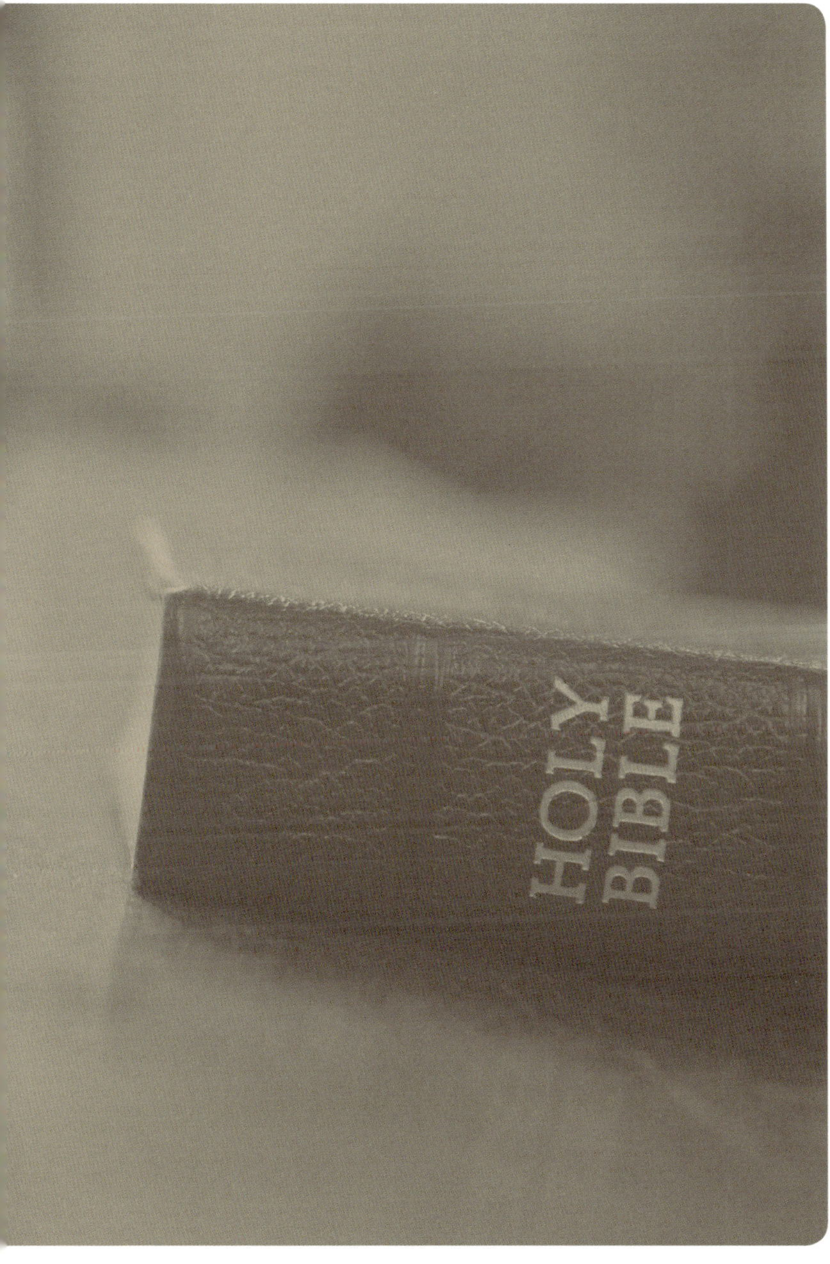
HOLY
BIBLE

목요일 아침이다. 마이크 목사는 깨끗한 일정표를 들고 있다. 분주한 스케줄에 걸맞지 않게 깨끗하다. 실제로는 깨끗한 일정표가 아니다. 주일 설교를 준비하기 위해 시간을 따로 빼두었을 뿐이다. 성경이 펼쳐져 있다. 참고자료들도 있다. 그는 설교 준비를 시작한다.

그때 전화벨이 울린다. 한 교인이 교통사고를 당했다는 전화다. 구급차가 이미 병원으로 달리고 있다. 마이크는 설교 준비 자료를 책상 위에 둔 채 서둘러 차에 오른다.

병원으로 향하는 중에 다시 전화를 받는다. 개리의 가족

전원이 승용차 안에 있었는데, 가장인 개리가 심각한 중상을 입었다고 한다.

마이크 목사가 응급실로 들어간다. 개리의 가족은 개리가 회복되기 힘들다는 말을 방금 들었다. 그들이 담임목사를 보고 달려와서는 흐느낀다. 심한 충격에 빠져 있다. 그 가족을 보살필 사람들이 충분히 올 때까지 마이크는 약 세 시간 동안 그들과 함께 있었다.

잠깐 집에 들러 샌드위치 하나를 아내에게서 받아든다. 이제 오후다. 설교 준비를 할 정신이 아니었지만, 해야 한다는 걸 알고 있다. 오전에 정서적으로 몹시 지쳤으나 메시지를 완성해야 한다. 교회로 돌아가자마자 두 사람이 그를 기다리고 있다. 그들은 매우 다급해 보인다.

둘 중 하나는 예배담당 리더다. 맡은 일이 힘들어 사임하고 싶다는 뜻을 밝힌다. 두 시간 동안 그의 말을 경청한 마이크는 그를 위로하며 격려한다.

또 한 사람은 핵심적인 성도 리더 조지다. 회중을 이끄는 리더십에 있어 매우 중요한 역할을 하는 사람이다. 마이크는 그를 친구로 여기고 있다. 조지가 어렵게 이야기를 꺼낸다.
"아내가 불륜을…."

5분 동안 말이 끊긴다. 눈물과 흐느낌만 이어진다. 마이크는 두 시간 이상을 조지와 함께 보낸다. 둘이서 함께 기도하고 대처방안을 논의한다.

벌써 오후 5시가 다 되었다. 몹시 지쳐 설교 준비를 다시 시작하기가 힘들다. 그래서 멍한 기분으로 이메일 수신함을 들여다본다. 발신자 중 한 명의 이름을 보고서 흠칫 놀란다. 그러나 그 메시지를 열지 않을 수가 없다. 마이크를 가장 자주 비판하는 교인 중 하나의 메시지다.

그녀의 불평은 두 가지다. 첫째는 지난 주일의 설교내용에 대해서다. 둘째는 어제 가벼운 수술을 받은 시누이를 위해 목사가 면회를 가주지 않았다는 것이다. 그 시누이는 우리 교회 교인이 아니다. 그리고 마이크는 수술 사실에 대해 전혀 몰랐다.

마이크 목사는 노트북을 덮고서 천천히 승용차로 향한다. 집에 잠시 들러 뭘 좀 먹기 위해서다. 개리 가족도 챙겨야 한다. 그들과 잠시 함께 있겠지만, 7시 30분 전에는 자리에서 일어나야 한다. 지역 고등학교의 야구경기 시작 전에 기도를 부탁받았기 때문이다.

몇몇 사람들이 그를 붙들고 늘어졌고, 결국 9시가 지나서야 집에 도착한다. 그는 작은 서재에 들어가서 문을 닫고 울기 시작한다. 오늘 자동차 사고로 목숨을 잃은 개리는 마이크의 절친이었다. 이제야 마음 놓고 애통할 수 있다.

목회자와 교회리더를 위해 기도하라

모든 교회리더에게는 기도가 필요하다. 교회리더에는 목회자는 물론이고 장로나 기관장, 사역자 등도 포함될 수 있다. 요점은 성도들이 교회리더를 위해 기도해야 한다는 것이다.

앞의 이야기는 사실이다. 실명을 밝히지 않았을 뿐이다. 목회자의 생활이란 그런 것이다. 목회자의 하루는 산꼭대기와 골짜기로 가득하다. 누군가의 아첨을 받는가 하면, 다른 누군가의 혹평을 듣기도 한다. 목회자는 우리의 기도를 필요로 한다.

우리는 목회자의 설교를 위해 기도해야 한다. 하나님이 그에게 지혜와 통찰력과 설교할 말을 주시도록 기도해야 한다. 매주 하나님 말씀을 설교하는 것은 매우 힘든 일이다. 설교자의 말에 귀 기울여야 하지만, 먼저 하나님의 음성을 들을 필요가 있다. 목회자의 설교를 위해 기도하라.

목회자와 그 가족을 위해 기도하라

목회자에게 가장 도전을 주는 구절 중 하나는 디모데전서 3장 5절이다. "사람이 자기 집을 다스릴 줄 알지 못하면 어찌 하나님의 교회를 돌보리요" 나는 자신의 가정 문제로 염려하며 씨름하는 목회자들에 대한 이야기를 많이 들었다. 그들은 교회 일 때문에 가정을 소홀히 한다며 염려한다. 그리고 가족들에게 대놓고 가시 돋친 말을 하는 사람들 때문에 괴로워한다.

 우리는 성도다. 목회자와 그 가족을 위해 중보기도를 해야 한다. 목회자 가족만큼 압박감에 시달리는 사람도 드물다. 그들을 위해 기도하라.

목회자를 지켜주시도록 기도하라

 목회자(감독)의 자격에 관한 성경구절을 읽어보라. 디모데전서 3장 2-4절도 그중 하나다. "그러므로 감독은 책망할 것이 없으며 한 아내의 남편이 되며 절제하며 신중하며 단정하며 나그네를 대접하며 가르치기를 잘하며 술을 즐기지 아니하며 구타하지 아니하며 오직 관용하며 다투지 아니하며 돈을 사랑하지 아니하며 자기 집을 잘 다스려 자녀들로 모든 공손함으로 복종하게 하는 자라야 할지며"

 이 내용 중에서 "책망할 것이 없으며"라는 항목만 잘 지켜도 엄청난 일이다! '책망'이라는 말은 '결함을 찾음'을 뜻한다. 따라서 "책망할 것이 없으며"는 결함을 찾을 수 없다는 의미다. 목회자가 완벽할 수는 없지만, 대부분의 다른 교인들보다는 건실할 것이 요구된다. 목회자에 대한 지역민들의 평판이 긍정적이어야 한다.

게다가 목회자는 굳건한 자제력을 지녀야 한다. 분별력 있고, 존경할 만하며, 너그럽게 베풀 줄 알아야 한다. 또 잘 가르쳐야 하고, 온유하며, 다투지 말아야 한다. 탐욕적이지 않아야 하고, 건강한 기독교 가정을 꾸려야 한다.

디모데전서 3장에 언급된 목회자의 자격 중 7절은 결론적인 내용이다. "또한 외인에게서도 선한 증거를 얻은 자라야 할지니 비방과 마귀의 올무에 빠질까 염려하라"

"외인"은 교회의 일원이 아닌 불신자를 가리킨다. 이 문맥에서 "마귀의 올무"라는 표현이 사용된 것을 그냥 지나치지 말자. "마귀"란 말 그대로 모든 귀신의 우두머리다. 그는 실재하며 강력한 존재다.

그러나 "마귀의 올무"는 드문 표현이다. 이 표현의 의미를 제대로 이해한다면, 우리가 목회자를 지켜주시도록 기도하는 일을 주저하지 않을 것이다. 올무는 의도적으로 설치하는 것이다. 이는 마귀가 목회자를 넘어뜨리기 위해 계략을 꾸민다는 뜻이다. 마귀가 올무를 설치했다.

마귀는 목회자를 위협적인 존재로 여기며, 목회자를 넘어뜨리는 것을 최우선 목표 중 하나로 삼는다. 마귀의 올무는 목회자의 명성을 손상시키는 유혹일 것이다.

목회자의 도덕적 실패에 관한 이야기를 들을 때, 우리는 놀랄 필요가 없다. 마음이 아프고 슬픈 이야기지만 놀랄 만한 것은 아니다. 마귀는 목회자의 명성에 손상을 가하기 위해 가능한 올무를 모조리 설치하고 있다. 목회자를 올무에 빠뜨리기 위해 탐욕, 간음, 분노, 각종 중독 등의 온갖 수단을 다 동원한다.

마귀는 강력하다. 그러나 하나님은 훨씬 더 강하시다. 하나님은 우리가 미처 이해하지 못하는 방법으로, 성도의 기도를 통해 역사하신다.

우리는 성도다. 목회자와 교회리더들을 지켜주시도록 기

도해야 한다. 목회자가 마귀의 올무에 빠지지 않도록 기도해야 한다.

목회자의 몸과 정신 건강을 위해 기도하라

교회를 섬기며 인도하는 일은 목회자의 에너지를 고갈시킨다. 그는 매일 매시간 대기 중이다. 목회자에게 요구하는 바가 매우 많으므로, 목회자는 자신의 건강과 안녕을 도외시하는 경우가 많다.

누구나 질병이나 사고에 노출되어 있지만, 특히 우리는 목회자의 건강을 위해 기도해야 하다 목회자의 정신 건강을 위해서도 기도해야 한다.

목회자는 분별력과 지혜를 요하는 여러 결단을 매주 내려야 한다. 목회자는 무엇을 설교하고 가르치며, 하나님 말씀을 어떻게 제시할 것인지에 관한 지혜가 필요하다. 매주 성도들의 요구에 대처할 수 있는 지혜도 필요하다.

성도는 목회자의 건강을 위해 기도해야 한다. 목회자는 매일 스트레스와 압박감에 시달린다. 하나님만이 주실 수 있는 평안이 그에게 임하기를 우리는 기도할 수 있다.

넷째 서약

이 서약의 내용은 훈련을 요하지만, 반드시 많은 시간을 들여야 하는 것은 아니다. 여러 해 동안 나는 하루에 5분씩 목회자를 위해 기도할 것을 성도들에게 당부해 왔다. 어떤 이들은 아침 기도시간에 맨 먼저 목회자를 위해 기도한다. 또 어떤 이들은 잠시 쉬는 시간이나 점심시간을 활용한다. 그런가 하면 저녁에 배우자와 함께 목회자를 위해 기도하는 이들도 있다.

성도로서 우리는 교회리더를 위해 기꺼이 기도해야 한다. 우리의 지속적인 중보기도가 없으면, 교회는 건강해지지 않을 것이다. 하루에 5분이다. 그것으로 족하다. 물론 원하면 더 길게 기도할 수도 있다.

지금은 하늘나라에 있는 프랜시스 메이슨은 내 목회 시절, 나를 위해 매일 한 시간씩 기도했다. 그러나 당신은 5분으로 시작할 수 있다. 당신 교회의 리더들을 위해 매일 5분씩 기도하겠는가?

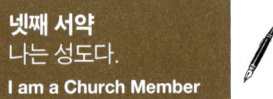

넷째 서약
나는 성도다.
I am a Church Member

　　나는 우리 교회 목회자를 위해 매일 기도할 것이다. 목회자의 일은 끝없이 이어진다. 목회자의 하루하루는 신경 쓰이는 갖가지 요구로 가득하다. 비판을 들어야 하고, 상처 입은 자들과 함께하며, 좋은 남편과 아버지가 되어야 한다. 목회자는 자신의 힘으로는 모든 일을 감당할 수 없으므로, 나는 목회자의 강건함과 지혜를 위해 매일 기도할 것이다.

날짜와 서명

숙고할 문제

1. 목회자의 가정이 그의 사역에서 왜 그토록 중요한 요소인지 성경에 근거하여 설명해 보자.
2. 디모데전서 3장 2절의 "책망할 것이 없으며"는 무슨 뜻인가? 이것은 목회자의 기준으로 적절한가?
3. 디모데전서 3장 7절의 "마귀의 올무"란 무엇을 뜻하는가?
4. 디모데전서 3장 7절에 나오는 "외인"은 누구를 가리키는가? 성도나 목회자들이 왜 그들에 대해 유의해야 하는가?
5. 다른 사람을 위한 중보기도와 관련된 성경구절을 찾아보자. 그 구절을 당신 교회의 목회자를 위한 기도와 연관시켜보자.

PART 5
가족이 건강한 성도가 되도록 이끄는 성도

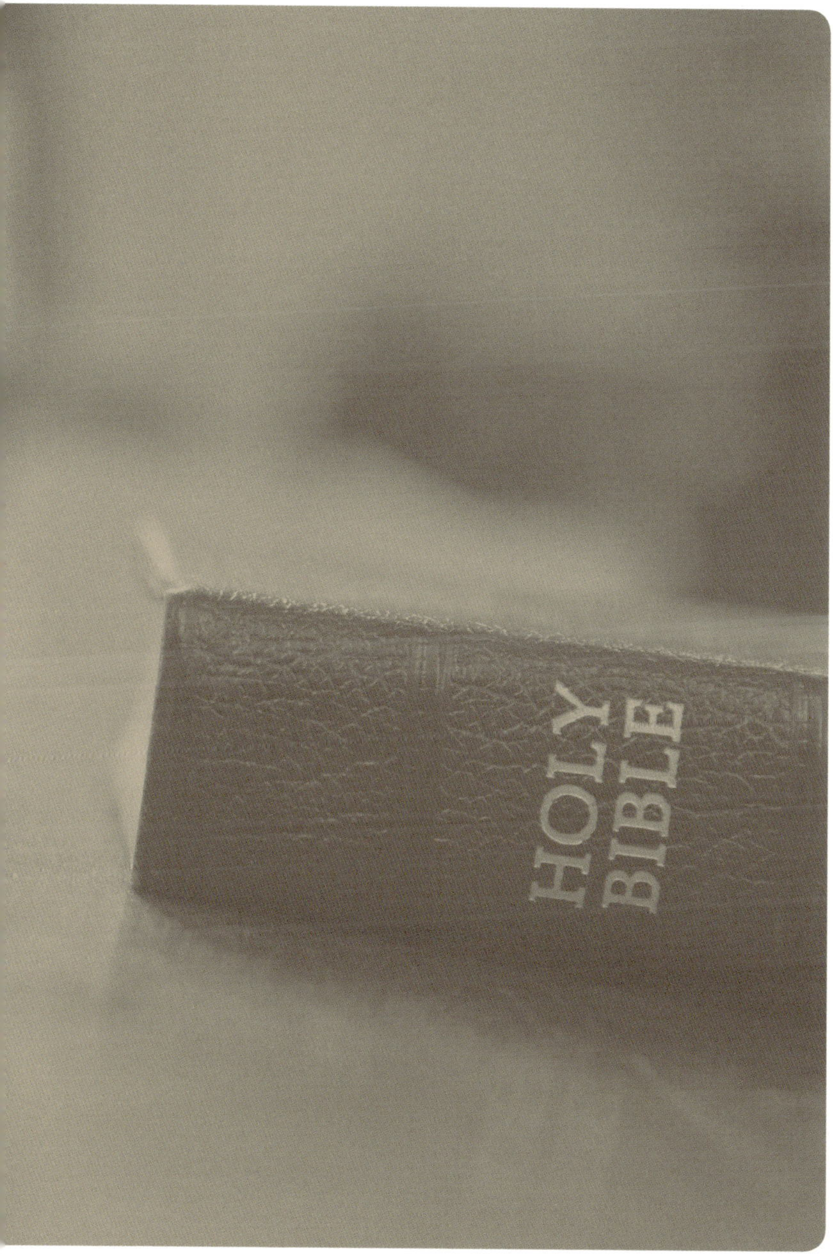
HOLY
BIBLE

그의 이름은 밥(Bob)이었다. 그는 몇 년 전 세상을 떠났다. 사람들에게 별로 알려지지 않았던 조용한 성품의 그가 내게 영향을 미친 것처럼, 몇 사람에게만 더 영향을 미쳤더라면 세상은 변했을 것이다.

밥은 항상 교회에 있는 것 같았다. 어떤 이들은 죄책감이나 율법주의적 의무 때문에 교회에 나간다. 그러나 밥은 그렇지 않았다. 밥은 언제나 즐거워하고 친절했으며, 항상 다른 사람을 섬겼다. 교회 섬기는 일을 진심으로 좋아했다. 밥의 아내와 두 아들도 마찬가지였다. 그들 역시 교회를 좋아했고, 섬김의 기쁨을 아는 것 같았다. 밥의 가족은 정말 달랐다.

20대 초에 나는 젊은 사업가였다. 결혼한 지 3년 차였고, 막 아빠가 되어 있었다. 아빠가 되니 마치 1톤짜리 벽돌에 눌리는 듯한 느낌이었다. 나는 좋은 남편과 좋은 아빠가 되고 싶었다. 그러기 위해 교회생활에 힘썼다.

당시에는 몰랐지만, 밥은 나를 지켜보고 있었다. 내게 관심을 가졌다. 그는 내 젊은 열정을 좋아했으나, 나를 내심 우려했다. 내가 교회생활에 더 많이 연루될수록, 교회와 목회자와 사역자의 불완전한 면들을 더 많이 보게 될 것을 밥은 우려했다.

밥은 그런 패턴을 거듭 보아왔다. 말하자면 이렇다. 교회에 관심을 갖는다. 교회생활에 더 많이 참여한다. 교회의 불완전한 면들을 발견한다. 교회에 실망한다. 그리고 교회를 떠난다.

밥은 나를 그의 날개 아래 품었다. 내가 교회의 어떤 일로 화내거나 낙심하기 시작하면, 내게 이야기를 건네곤 했다.

이 세상에 완벽한 교회는 없다고 설명했다. 그 어떤 목회자도, 그 어떤 성도도 완벽하지 못하다. 그는 나 역시 완벽하지 못하다는 점을 부드럽게 상기시키곤 했다.

그는 우리가 교회를 섬길 일을 찾아야 한다고 말했다. 교회에서 벗어날 궁리를 하는 사람은 교회의 일원이 아니다. 다른 교인을 섬기며 보살피는 사람이 교회의 일원이다. 항상 우리는 받는 것보다는 주는 것에 초점을 맞추어야 한다. 만일 어떤 사람이 우리를 낙심케 하는 일을 저지른다면, 이는 그 사람을 위해 기도하라는 신호다.

우리가 그리스도처럼 완전할 수는 없지만, 그분을 더 닮으려고 노력할 수는 있다고 밥은 말했다. 대적을 위해 십자가에 달려 돌아가신 그리스도를 내게 상기시켰다. 따라서 우리는 비호감인 교인도 사랑할 수 있어야 한다.

밥의 끈질긴 성경적 가르침 덕분에, 나는 지역 교회를 사랑하는 법을 배웠다. 교인들의 불완전함에도 불구하고 그들을 사랑하는 법을 배웠다. 밥은 다른 사람의 눈에 있는 "티"를 비판하기 전에 내 눈 속의 "들보"(나 자신의 불완전함)를 보도록 가르쳤다(마 7:3-5).

지역 교회 사랑하는 법을 부모님이 내게 가르쳐주셨다면 좋았을 것이다. 내게는 밥이 훌륭한 영적 아버지였다. 밥의 두 아들은 이제 성인으로 자랐다. 그들도 아버지처럼 지역 교회를 섬기며 사랑하고 있다는 것은 놀라운 일이 아니다. 밥은 두 아들을 잘 가르쳤다.

교회와 가족

교회를 가족에 비유하는 성경의 가르침은 놀라운 것이 아니다. 바울은 에베소서 5장 22-26절에서 이렇게 권면했다. "아내들이여 자기 남편에게 복종하기를 주께 하듯 하라 이는 남편이 아내의 머리 됨이 그리스도께서 교회의 머리 됨과 같음이니 그가 바로 몸의 구주시니라 그러므로 교회가 그리스도에게 하듯 아내들도 범사에 자기 남편에게 복종할지니라 남편들아 아내 사랑하기를 그리스도께서 교회를 사랑하시고 그 교회를 위하여 자신을 주심 같이 하라 이는 곧 물로 씻어 말씀으로 깨끗하게 하사 거룩하게 하시고"

32-33절에서 바울은 교회와 가족의 관계를 재차 분명히 밝힌다. "이 비밀이 크도다 나는 그리스도와 교회에 대하여 말하노라 그러나 너희도 각각 자기의 아내 사랑하기를 자신 같이 하고 아내도 자기 남편을 존경하라"

이어지는 에베소서 6장 1-4절에서는, 부모와 자녀에 관한 주제를 다룬다. "자녀들아 주 안에서 너희 부모에게 순종하라 이것이 옳으니라 네 아버지와 어머니를 공경하라 이것은 약속이 있는 첫 계명이니 이로써 네가 잘되고 땅에서 장수하리라 또 아비들아 너희 자녀를 노엽게 하지 말고 오직 주의 교훈과 훈계로 양육하라"

이 구절은, 우리가 무조건적으로 가족을 사랑해야 하듯 하나님의 교회를 사랑해야 함을 상기시킨다. 우리 가족은 완벽하지 않으며, 성도도 마찬가지다. 우리는 가족과 교회 둘 다 섬기는 데서 기쁨을 찾아야 한다.

교회에서 가족의 중요성을 상기시켜야 한다. 또 교회에서

신실하도록 가족을 권면해야 한다. 가족이 교회를 위해 함께 기도해야 한다. 우리가 가족을 더 깊이 사랑하려고 노력해야 하듯, 교회를 더 깊이 사랑하도록 가족에게 당부해야 한다.

가족으로서 교회를 위해 함께 기도함

밥에게서 배운 여러 교훈 중 하나는, 가족과 함께 교회를 위해 기도하는 것이다. 밥의 인도를 따라, 나는 여러 면에서 교회리더십을 위해 기도하는 법을 배웠다.

- 영적으로 보호받도록
- 도덕적으로 실패하지 않도록
- 말씀 설교를 잘 준비하도록
- 리더들의 가족이 건강하도록
- 격려받도록
- 신체적으로 강건하도록

- 용기를 잃지 않도록
- 분별력 있도록
- 지혜로운 리더십을 발휘하도록

우리 가족은 영적으로 성장하면서, 밥의 가르침을 점점 더 많이 따랐다. 우리 가족이 교회를 위해 함께 기도하면서, 세 아들은 교회에 대한 사랑을 지닌 채 성장했다. 그들도 교회의 문제점을 모르지 않았다. 그러나 사람을 무조건적으로 사랑하는 법을 배웠다. 그렇게 함으로써 교회를 사랑하는 법을 배웠다. 가족이 교회를 위해 함께 기도할 때, 교회를 향한 사랑은 자연스럽게 자라간다.

가족이 함께 예배드림

가족구성원으로서 내게는, 교회에서 함께 예배드리도록 온 가족을 독려하며 인도할 책임이 있다. 기혼자라면 배우자를 인도해야 하고, 부모라면 아이들을 인도해야 한다. 교회를 향한 내 사랑을 가족이 볼 수 있어야 한다.

많은 성도들이 독신이다. 그들에게는 교회에서 함께 예배드릴 직접적인 가족이 없다. 그럼에도 그들이 교회를 얼마나 사랑하는지 지켜보는 사람들이 있다. 그들은 다른 이들에게 모범이 되어야 한다.

성도의 가족이 그리스도인이 아닐 경우 힘든 상황이 발생한다. 고린도전서 7장에서 사도 바울은 이혼 문제를 다루었다. 본질적으로 사도 바울은 믿는 배우자가 불신 배우자와 결별함에 있어 주도적인 역할을 하지 말 것을 지시한 셈이다(10-13절).

이어서 바울은 그렇게 권면한 이유 중 하나를 설명한다. 믿는 배우자는 불신 배우자나 자녀에게 그리스도를 증언하는 역할을 하기 때문이다. 고린도전서 7장 14절을 보라. "믿지 아니하는 남편이 아내로 말미암아 거룩하게 되고 믿지 아니하는 아내가 남편으로 말미암아 거룩하게 되나니 그렇지 아니하면 너희 자녀도 깨끗하지 못하니라 그러나 이제 거룩하니라"

불신 가정에서 신자로 살아가는 건 외로울 수 있다. 배우자를 집에 남겨둔 채 혼자 교회에 가서 예배드리는 것도 외로운 일이다. 그러나 하나님은 그런 사람에게 가족을 선교 대상으로 주셨다. 복음을 접하지 못한 사람들에게 복음을 전하기 위해 수천 마일을 여행하는 선교사처럼, 이 성도는 자신의 가정에서 복음을 전해야 한다.

보통 아내가 신자인 경우가 많다. 아내가 알든 모르든, 남편이 아내를 주시하고 있다. 아내의 언행이 남편에게 증언하고 있는 셈이다. 교회를 사랑하는 아내의 마음은 남편에게 영향을 미친다. 경건한 배우자는 불신 배우자를 그리스도께 이끄는 데 핵심 역할을 할 수 있다. 종종 그런 경긴은 믿는 배우자의 교회 사랑을 통해 드러난다.

신부에 대한 그리스도의 깊은 사랑

❈

성도로서 교회를 좋아하거나 잘 섬기는 데서 그쳐서는 안 된다. 교회를 깊이 사랑해야 한다. 그리스도가 신랑이고, 교회는 그분의 신부다. 무조건적이며 흔들림 없는 사랑으로 그 신부를 사랑해야 한다.

무조건적인 사랑은 쉽지 않다. 만일 어떤 사람이 완벽하며 모든 요구를 채워준다면, 그 사람을 사랑하는 것은 쉬운 일이다. 그러나 그것은 자기중심의 사랑이다. 무조건적인 사랑이란 상대방의 반응에 상관없이 일관되게 사랑하는 것이다. 의견 차이에도 불구하고 줄곧 사랑하는 것이다.

내가 교회를 더욱 깊이 사랑할 때, 하나님의 능력으로 내 가족도 그런 방향으로 이끌 수 있다. 온 가족이 함께 교회리더를 위해 기도하고, 함께 예배드릴 것이다. 그리고 함께 섬길 것이다.

우리 가족이 교회에서 실망스러운 일을 겪으면, 무조건적인 사랑이 쉽지 않음을 기억할 것이다. 아울러 우리에게 무조건적인 사랑을 베푸신 분을 상기하게 될 것이다. 바로 예수님을. 예수님은 우리를 지극히 사랑하사 우리를 위해 십자가에서 죽으셨다. "우리가 아직 죄인 되었을 때에 그리스도께서 우리를 위하여 죽으심으로 하나님께서 우리에 대한 자기의 사랑을 확증하셨느니라"(롬 5:8).

다섯째 서약

교회는 가족이다. 우리에게는 각자 가족이 있다. 어떤 가족구성원은 다른 이들보다 더 건강하다. 다섯째 서약은, 교회를 지원하며 사랑하는 가족의 중요성에 관한 것이다.

이 서약은 가족이 한 마음으로 교회를 사랑하려는 약속이다. 만일 가족이 전부 교회의 일원인 신자라면, 교회를 위해 함께 기도하고 예배드리도록 노력해야 한다.

가족 중에 불신자가 있다면, 교회를 향한 그리스도의 깊은 사랑을 그들에게 보여주어야 한다. 그런 사랑이 그들에게 영향을 미쳐 그리스도께 더 가까워지게 할 수 있다.

만일 당신이 혼자 살고 있다면, 당신을 지켜보는 다른 사람들을 생각하라. 당신의 교회 사랑이 그들의 삶에 의미심장한 영적 영향을 미칠 수 있다.

다섯째 서약
나는 성도다.
I am a Church Member

나는 우리 가족을 교회의 좋은 성도가 되도록 인도할 것이다. 우리 가족은 교회를 위해 함께 기도하고, 교회에서 함께 예배드릴 것이다. 그리고 교회에서 함께 섬길 것이다. 그리스도께서 교회를 위해 목숨을 버리셨으므로, 우리도 교회를 더욱 깊이 사랑하도록 도와달라고 그리스도께 간구할 것이다.

날짜와 서명

숙고할 문제

1. 마태복음 7장에 나오는 티와 들보에 관한 가르침이 교회 멤버십에 어떻게 적용되는가?
2. 우리 가족과 교회 가족의 관계는 무엇인가? 이와 관련한 성경구절은 무엇인가?
3. 믿는 배우자는 불신 배우자에게 어떤 역할을 해야 하는가?
4. 교회멤버십에 무조건적인 사랑을 어떻게 적용해야 하는가?
5. 그리스도의 십자가 죽으심은 성도들의 상호관계에 어떤 본보기가 되는가?

PART 6
교회멤버십을 소중한
선물로 여기는 성도

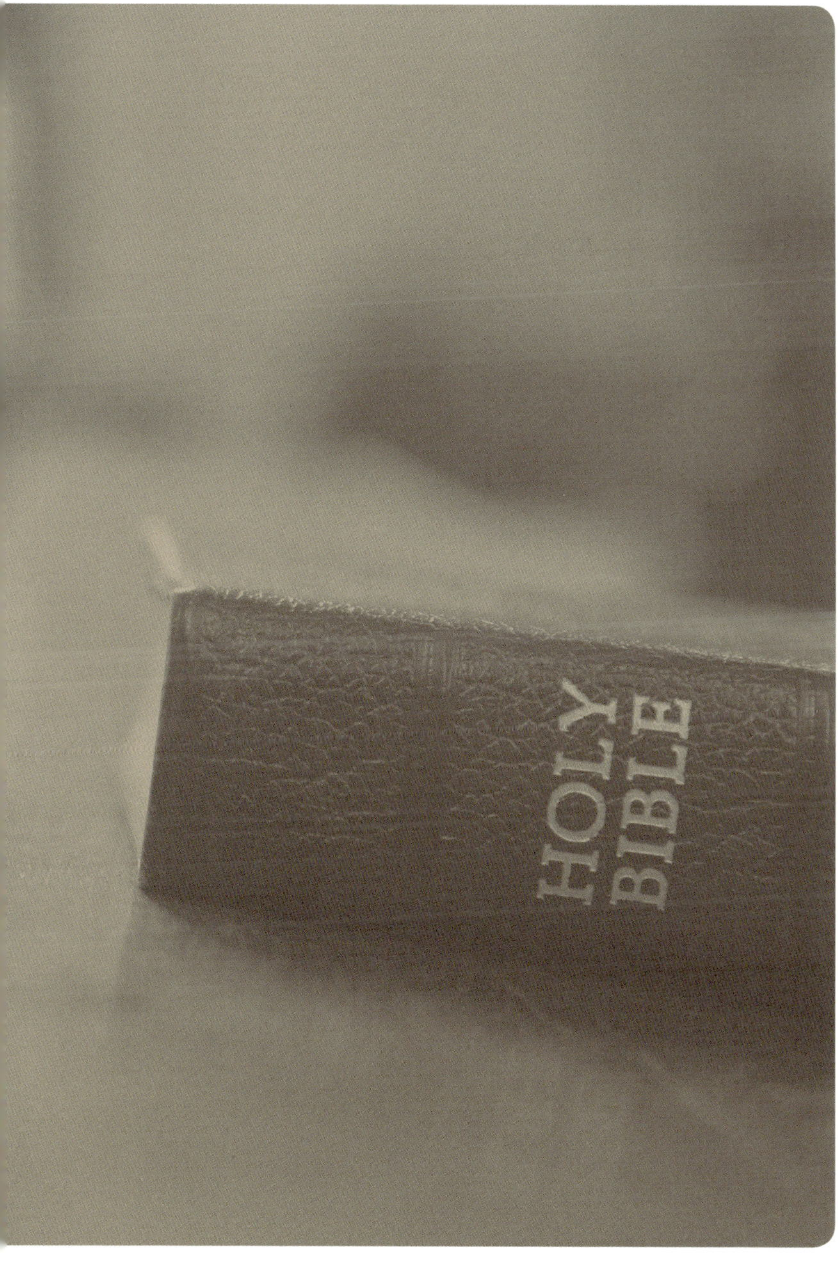
HOLY
BIBLE

두 개의 시나리오를 마주한 '조니'라는 아이를 생각해 보자. 첫 시나리오에서는, 엄마가 조니에게 방 청소를 지시한다. 조니는 완벽하게 청소해야 한다. 그러자면 여러 시간 동안 땀을 뻘뻘 흘려야 할 것이다. 약간이라도 문제가 있으면 안 된다. 아이가 좋아하든 그렇지 않든, 그 방은 어느 때보다 더 깨끗해야 한다. 이 경우 조니는 청소를 하더라도 억지로 마지못해 하게 될 것이다.

둘째 시나리오에서, 엄마는 누군가가 놀라운 선물을 주었다고 조니에게 말한다. 그것은 근사하게 포장되어 개봉을 기다린다. 조니가 이제껏 받아본 것 중 가장 멋진 선물이라는 엄마의 말에 기대감이 더욱 커진다.

이 두 시나리오 중 하나를 조니가 선택할 수 있다면 어느 것을 택하겠는가? 두 가지 모두 현실감이 떨어지긴 하지만 그 선택은 뻔할 것이다.

성도도 이 같은 두 가지 시나리오와 마주한다. 첫째는, 1장에서 언급한 컨트리클럽 멤버십과 유사한 것이다. 이 시나리오에 따르면, 우리는 교회에서 자신이 원하는 것을 얻을 수 있다. 우리의 취향에 맞는 설교를 듣는다. 설교의 길이도 마음껏 조절한다. 우리 스타일에 맞는 음악을 고른다. 어떤 변화도 허용하지 않는다. 모든 프로그램과 사역은 우리의 유익을 위한 것이다. 좋아하는 것과 싫어하는 것을 우리가 결정한다. 우리는 특권과 봉사를 기대하는 성도다.

컨트리클럽 형 성도에게 섬기는 일을 부탁한다면 어떻게 될까? 그런 사람에게 몇 주 동안 유아실에서 봉사할 것을 부탁한다면 어떻게 될까? 그런 사람에게 초등학교 5학년 성경공부 반을 맡긴다면 어떻게 될까?

그 반응은 뻔히 예측된다. 컨트리클럽 형 성도는 의무감에서 부탁을 받아들일 수도 있다. 진심으로 원해서가 아니라 율법주의적인 동기에서 섬기는 것이다. 컨트리클럽 형 멤버십은 섬김이 아니라 섬김받음에 관한 것이다. 그러나 부탁을 받았기 때문에 좋지 않은 태도로 마지못해 사역을 시작한다. 그런 봉사는 오래 가지 않는다.

컨트리클럽 형 성도 중에는 부탁을 받으면 곧바로 화를 내는 이들도 있다. 예전에 봉사를 했노라고 말하기도 한다. 그들은 봉사나 사역을 마치 징역형처럼 느끼는 것 같다. 또 어떤 이들은 봉사하지 않는 이유를 밝히길 거부한다. 봉사 제의를 받으면 화를 낼 뿐이다. 어떤 이들은 목회자에게 화를 낸다. 급여를 받으면서 맡은 일을 게을리힌다며 목회자늘을 비난한다.

그러나 교회멤버십과 관련된 둘째 부류의 선택이 있다. 멤버십을 소중한 선물로 여기는 성경적인 태도다. 이런 태도를 지닌 자들에게, 멤버십은 율법주의적인 선택이 아니라 섬기며 베풀 수 있는 기회를 뜻한다.

교회멤버십이라는 선물에 대한
성경적인 관점

※

나는 십대에 그리스도를 따르는 사람이 되었다. 고등학교 풋볼코치였던 조 헨드릭슨이 성경구절 하나를 내게 보여주었다. "모든 사람이 죄를 범하였으매 하나님의 영광에 이르지 못하더니"(롬 3:23). 그는 모든 사람이 죄인임을 내게 설명했다. 그 누구도 구원을 얻을 자격이 없다. 모두 사망에 처할 운명에 놓였다(롬 6:23 참조).

헨드릭슨 코치는 예수님이 나를 대신하여 징벌을 받으셨다고 알려주었다. 그분이 십자가에서 나를 대속하셨다. 나 대신 죄의 징벌을 당하셨다. "하나님이 죄를 알지도 못하신 이를 우리를 대신하여 죄로 삼으신 것은 우리로 하여금 그 안에서 하나님의 의가 되게 하려 하심이라"(고후 5:21).

코치선생님을 통해 복음을 들은 그날 저녁, 나는 죄를 회개하고 예수 그리스도를 믿음으로 영접했다. "그러므로 너희가 회개하고 돌이켜 너희 죄 없이 함을 받으라 이같이 하면

새롭게 되는 날이 주 앞으로부터 이를 것이요"(행 3:19).

죄를 회개하고 예수 그리스도를 믿을 때, 우리는 구원이라는 선물을 받는다. "너희는 그 은혜에 의하여 믿음으로 말미암아 구원을 받았으니 이것은 너희에게서 난 것이 아니요 하나님의 선물이라 행위에서 난 것이 아니니 이는 누구든지 자랑하지 못하게 함이라"(엡 2:8-9).

성경 전반에 걸쳐 우리는 구원의 선물, 우리를 위한 그리스도의 사역의 선물에 대해 말하는 구절을 접한다. 우리 자신의 노력으로 얻을 수 없는 구원의 선물이다.

구원이라는 선물을 받을 때, 우리는 그리스도 몸의 일부가 된다. 성령의 은사를 언급하기 직전, 바울은 말했다. "너희는 그리스도의 몸이요 지체의 각 부분이리 하나님이 교회 중에 몇을 세우셨으니"(고전 12:27-28).

무슨 일이 일어나고 있는가? 우리는 영원한 구원이라는 선물을 거저 받았다. 이 선물은 그리스도의 십자가 죽으심을 통한 죄 사함을 포함한다. 하나님 아버지의 양자로 받아들여짐을 포함한다. 성령의 내주하심을 포함한다. 또 그리스도 몸의 지체가 됨을 포함한다.

그렇다. 그리스도의 몸인 교회의 멤버십은 하나님의 선물이다. 그것은 율법주의적 의무가 아니다. 컨트리클럽 특전이 아니다. 특권을 누릴 수 있는 자격증이 아니다. 그것은 선물이다. 하나님의 선물이다. 큰 기쁨과 기대감으로 소중히 간직해야 할 선물이다.

보편적 교회와 지역 교회

어떤 이들은 그리스도의 몸이 보편적 교회를 가리킨다고 주장한다. 보편적 교회란 모든 시대를 거쳐 모든 곳에 있는 모든 신자를 뜻한다. 그 주장도 옳다.

그러나 보편적 교회와 지역 교회는 상호배타적이지 않다. 신약성경의 대부분은 지역 교회를 향한, 지역 교회에 관한 내용이다. 사도행전은 예루살렘, 안디옥, 구브로, 비시디아 안디옥, 이고니온, 루스드라, 밤빌리아, 마게도냐, 두아디라,

데살로니가, 베레아, 아덴, 고린도, 가이사랴, 에베소, 드로아, 로마, 말타 등지의 교회에서 나타난 성령 역사에 관한 역사적인 기록을 제공한다.

신약성경의 여러 책들이 특정 지역 교회에 보내졌다(로마서, 고린도전후서, 갈라디아서, 에베소서, 빌립보서, 골로새서, 데살로니가전후서). 바울 서신 중 넷은 특정 교회의 개인에게 보내졌다(디모데전후서, 디도서, 빌레몬서). 요한계시록 역시 지역 교회에 보낸 서신이다.

그러므로 보편적 교회에만 관여하겠다고 말하는 것은 어설프고 근거 없는 변명이다. 성경은 우리가 특정한 지역의 특정한 교회에 소속되어야 함을 분명히 밝힌다.

선물을 이해하라

교회멤버십은 선물이다. 선물은 소중히 여겨져야 한다. 선물을 당연시하거나 가볍게 여겨서는 안 된다. 선물에 우리는 늘 감사해야 한다. 어떤 것에 감사할 때, 우리는 시간과 에너지를 허비하지 않는다.

진심으로 감사하며 선물을 받을 때, 자연히 우리는 그것을 주신 분께 반응을 보이고 싶어한다. 따라서 하나님을 섬기는 것은 구원받은 기쁨의 자연스러운 표출이다. 이것은 왕을 섬기는 특권이다. 그래서 우리가 섬기는 교회에서 하나님을 섬길 기회를 찾게 된다.

선물을 받을 때, 우리는 선물 주시는 분의 가족 전체에게 감사를 표한다. 구원의 선물을 받은 다른 성도들도 우리와 마찬가지로 하나님의 자녀가 되었다. 우리가 완전하지 않듯 그들도 완전하지 않다. 우리가 위선자이듯 그들도 위선자다. 그러나 구원의 선물을 받은 넘치는 기쁨 때문에, 우리는 같은 기쁨을 지닌 다른 성도를 섬긴다.

건강한 교회멤버십은 자신의 방식을 고집하거나 첫째가 되려 하지 않고 끝이 되려 함을 뜻한다. 마태복음 20장 26-28절을 보라. 자신의 방식을 고집하며 으뜸이 되려 한 제자들에 관한 내용이다. 예수님은 제자들을 불러 잘못을 지적하시며, 참된 제자의 길을 알려주셨다. "너희 중에는 그렇지 않아야 하나니 너희 중에 누구든지 크고자 하는 자는 너희를 섬기는 자가 되고 너희 중에 누구든지 으뜸이 되고자 하는 자는 너희의 종이 되어야 하리라 인자가 온 것은 섬김을 받으려 함이 아니라 도리어 섬기려 하고 자기 목숨을 많은 사람의 대속물로 주려 함이니라"(마 20:26-28).

감이 잡히는가? 교회멤버십은 선물이다. 우리는 선물에 대해 감사한다. 우리의 감사를 표현하는 한 가지 방법은, 예수님을 본받아 섬기는 것이다. 만일 성도들이 섬기려 하며 끝이 되기로 결심한다면, 교회는 훨씬 더 건강해질 것이다.

여섯째 서약

특권을 주장하는 것은 치사한 태도다. 종종 우리는 자신의 노력에 대한 정당한 대가를 요구하고, 그 대가를 얻지 못하면 화를 낸다. 그러나 생명과 구원과 교회멤버십을 선물로 이해할 때 모든 관점이 바뀐다. 아무런 특전이나 기대를 갖지 않는다. 반면 우리는 예수님을 본받아 끝이 되길 원한다. 그리고 그분을 더 많이 닮기 원한다.

교회 멤버십은 선물이다. 기쁜 선물이다.

여섯째 서약
나는 성도다.
I am a Church Member

이 멤버십은 선물이다. 예수 그리스도를 통해 구원의 선물을 거저 받았을 때, 나는 그리스도 몸의 지체가 되었다. 나는 지역 교회의 일원으로서 세례를 받았다. 이제 나는 우리 교회의 다른 성도들을 겸손히 섬기며 사랑한다. 내 멤버십을 결코 당연시하지 않고 그것을 선물로 여기며, 다른 이들을 섬길 기회로 삼을 것이다. 그리스도의 몸 된 교회의 지체가 될 기회로 여길 것이다.

날짜와 서명

:숙고할 문제

1. 구원의 선물과 교회멤버십이라는 선물은 어떤 연관이 있는가?
2. 많은 성도들이 특권의식을 지니고 있는 이유는 무엇인가? 그것에 대해 성경은 어떻게 말하는가?
3. 그리스도인들이 보편적 교회와 지역 교회 둘 다에 소속된다는 점을 설명해 보자.
4. 제자들의 그릇된 태도를 지적하시는 예수님에 관한 이야기를 읽어보자(마 20:20-28). 그 이야기는 교회멤버십과 어떻게 연관되는가?
5. 지금까지 해온 멤버십 서약을 하나하나 돌이켜보자. 어느 서약에서 가장 큰 도전을 받는가? 당신이 곧바로 변화를 모색할 수 있는 영역은 무엇인가?

나는 성도다
I am a Church Member

나는 성도다

나는 멤버십 비유를 좋아한다. 그것은 시민단체나 컨트리클럽의 멤버십 같은 것이 아니다. 고린도전서 12장에서 말하는 부류의 멤버십이다. "너희는 그리스도의 몸이요 지체의 각 부분이라"(고전 12:27).

나는 그리스도 몸의 한 지체이므로, 내가 '눈'이든 '귀'든 혹은 '손'이든 제 역할을 수행하는 성도여야 한다. 역할을 수행하는 성도로서, 나는 베풀 것이다. 섬길 것이다. 사역할 것이다. 복음을 전할 것이다. 공부할 것이다. 그리고 다른 사람들에게 축복이 될 것이다. "만일 한 지체가 고통을 받으면 모든 지체가 함께 고통을 받고 한 지체가 영광을 얻으면 모든 지체가 함께 즐거워"함(고전 12:26)을 기억할 것이다.

나는 성도다

나는 교회의 연합에 기여하는 성도가 될 것이다. 나는 그 어떤 목회자나 사역자나 성도도 완벽하지 않음을 알고 있다. 나 역시도 마찬가지다. 나는 험담이나 불화를 조장하지 않을 것이다. 내가 하나님의 능력 안에서 가장 크게 기여할 수 있는 일 중 하나는, 복음을 위해 교회연합을 유지하도록 최선을 다해 돕는 것이다.

나는 성도다

나는 내 취향과 욕구에 교회를 맞추려 하지 않을 것이다.

그것은 자신을 섬기는 것이다. 나는 다른 사람들과 그리스도를 섬기는 한 성도다. 내 구주께서 나를 위해 십자가를 지셨다. 내 취향이나 스타일이 아닌 것도 나는 감수할 수 있다.

나는 성도다

나는 우리 교회 목회자를 위해 매일 기도할 것이다. 목회자의 일은 끝없이 이어진다. 목회자의 하루하루는 신경 쓰이는 갖가지 요구로 가득하다. 설교를 준비해야 한다. 출산한 사람들을 축하하고, 사망의 음침한 골짜기를 지나는 이들을 위로하고, 비판하는 사람들의 말을 들어주며, 상처 입은 자들과 함께해야 한다. 또 좋은 남편과 아버지가 되어야 한다. 목회자는 자신의 힘으로는 모든 일을 감당할 수 없으므로, 나는 목회자의 강건함과 지혜를 위해 매일 기도할 것이다.

나는 성도다

나는 우리 가족을 교회의 좋은 성도가 되도록 인도할 것이다. 우리 가족은 교회를 위해 함께 기도하고, 교회에서 함께 예배드릴 것이다. 그리고 교회에서 함께 섬길 것이다. 그리스도께서 교회를 위해 목숨을 버리셨으므로, 우리도 교회를 더욱 깊이 사랑하도록 도와주실 것을 그리스도께 간구할 것이다.

나는 성도다

이 멤버십은 선물이다. 예수 그리스도를 통해 구원의 선물을 거저 받았을 때, 나는 그리스도 몸의 지체가 되었다. 나는 지역 교회의 일원으로서 세례를 받았다. 이제 나는 우리 교회의 다른 성도들을 겸손히 섬기며 사랑한다. 내 멤버십을 결코 당연시하지 않고 그것을 선물로 여기며, 다른 이들을 섬길 기회로 삼을 것이다. 그리스도의 몸 된 교회의 지체가 될 기회로 여길 것이다.

나는 성도다

성도가 되게 하신 하나님께 감사드린다.

형제가 연합하여 동거함이
어찌 그리 선하고 아름다운고

_시 133:1

MEMO

I am a Church Member

초판 1쇄 발행	2015년 03월 16일
초판 15쇄 발행	2025년 09월 09일

지은이	톰 레이너
옮긴이	김태곤

펴낸이	곽성종
기획편집	방재경
디자인	투에스

펴낸곳	㈜아가페출판사
등록	제 21-754호(1995. 4. 12)
주소	(08806) 서울시 관악구 남부순환로 2082-33
전화	584-4835(본사) 522-5148(편집부)
팩스	586-3078(본사) 586-3088(편집부)
홈페이지	www.agape25.com
판권	ⓒ ㈜아가페출판사 2015
ISBN	978-89-97713-53-0 (03230)
분당직영서점	전화 031-714-7273	팩스 031-714-7177
인터넷서점	http://www.agapemall.co.kr
	*인터넷에서 '아가페몰'을 검색하세요.

저작권법에 의하여 한국 내에서 보호받는 저작물이므로
무단전재와 복제를 금합니다.

아가페 출판사